"十二五"职业教育国家规划教材

经全国职业教育教材审定委员会审定

学前教

学前美术基础与创作（第二版）

主　编◎宿高峰　黄　波

副主编◎农秋梅　陈　君　李林玲　姚　园

华东师范大学出版社

·上海·

图书在版编目(CIP)数据

学前美术基础与创作 / 宿高峰,黄波主编. —2 版.
上海:华东师范大学出版社,2025. —ISBN 978 - 7
- 5760 - 5723 - 2

Ⅰ. G613.6

中国国家版本馆 CIP 数据核字第 2025S3A707 号

学前美术基础与创作(第二版)

主　　编　宿高峰　黄　波
责任编辑　刘　雪
责任校对　李琳琳
装帧设计　庄玉侠

出版发行　华东师范大学出版社
社　　址　上海市中山北路 3663 号　邮编 200062
网　　址　www. ecnupress. com. cn
电　　话　021 - 60821666　行政传真 021 - 62572105
客服电话　021 - 62865537　门市(邮购)电话 021 - 62869887
地　　址　上海市中山北路 3663 号华东师范大学校内先锋路口
网　　店　http://hdsdcbs. tmall. com

印 刷 者　苏州工业园区美柯乐制版印务有限责任公司
开　　本　787 毫米×1092 毫米　1/16
印　　张　17.75
字　　数　419 千字
版　　次　2025 年 5 月第 2 版
印　　次　2025 年 5 月第 1 次
书　　号　ISBN 978 - 7 - 5760 - 5723 - 2
定　　价　59.80 元

出 版 人　王　焰

前　言

　　在现代教育里,学前教育占有相当重要的地位。学前教育不仅是基础教育的组成部分,也是每一个公民接受教育的起点。学前教育是否成功,不仅关系到学前儿童个体身心的健康发展,更关系到整个社会的进步和发展。在党的二十大报告提出的"办好人民满意的教育"的指引下,我国学前教育正朝着从"幼有所育"到"幼有优育"的高质量发展阶段迈进。作为新时代学前美术教育工作者,我们始终牢记"为党育人、为国育才"的根本使命,以《幼儿园教育指导纲要(试行)》《3—6岁儿童学习与发展指南》为纲领,立足美术教育领域,探索具有中国特色的学前教育实践路径。

　　美术课程是幼儿师范教育的必修课程,也是培养幼儿师范生的综合素质和能力,以及造就创新型的幼儿教育人才的重要课程。长期以来,此课程在教育教学中一直是以素描、色彩、手工、玩教具制作等这些相对独立的课程内容、教材来进行教学的。然而,这种课程结构形式与高职高专学校的培养目标和教学要求有比较大的差距。

　　党的二十大报告指出,要"加强教材建设和管理"。教材是我国教育中的重要阵地,应紧扣时代的脉搏,将党的二十大精神落实到教材中,为加强教材建设和管理作出贡献,本教材也不例外。《学前美术基础与创作(第二版)》的编写旨在适应现代学前教育发展需求,助力高职高专学校学前教育专业建设与发展,满足学前教育行业对专业人才的需求。本教材以突出专业特色、服务于高职高专学校学前教育专业的人才培养目标为指导思想,结合现代学前教育教学改革的新理念、新思维来编排内容。本教材强调突出美术特色,适应学前教育专业教学需求,同时整合优化各种资源,重视更新内容。它还注重培养学生的创造性思维能力与实践能力,并通过优化方式方法,提升学生的技能水平。

　　《学前美术基础与创作(第二版)》根据高职高专学校学前教育专业学生的特点和发展需求,设有以美术鉴赏、素描、色彩、线描画、装饰画、中国画为主的基础鉴赏、造型常识性的内容,以及以简笔画、图形创意、手工制作、环境创设为主的幼儿园综合美术应用的内容。各内容之间既相对独立又有紧密的联系。每个单元编写的体例包括：(1)单元目标与导读；(2)原理、法则；(3)技法、步骤；(4)作品范例；(5)知识拓展与幼儿园教学应用；(6)思考与练习。本教材力求融科学性、知识性、趣味性于一体，图文并茂，以具备较强的针对性和实用性，使其既能适用于幼儿师范高等专科学校的美术教学，也能适用于各类职业教育的美术教学。

《学前美术基础与创作(第二版)》是根据幼儿师范高等专科学校美术教学的规律与特点，由从事幼教工作多年、美术教育教学经验丰富的教师而编写的。本教材的编写由两大部分组成。第一部分为基础鉴赏、造型常识性的内容，主要包括：第一章美术鉴赏(江洪铸编写)、第二章素描(李林玲编写)、第三章色彩(农秋梅编写)、第四章线描画(黄媛媛编写)、第五章装饰画(刘美芙蓉编写)、第六章中国画(宿高峰编写)。第二部分为幼儿园综合美术应用的内容，主要包括：第七章简笔画(陈君编写)、第八章版式设计(黄波编写)、第九章泥工(宿高峰编写)、第十章纸艺(宿高峰编写)、第十一章儿童版画(宿高峰编写)、第十二章综合材料(覃世业编写)、第十三章玩具设计(宿高峰编写)、第十四章幼儿园环境创设(姚园编写)。

编者

2024 年 11 月

目 录

第一章

美术鉴赏

· 目标与导读 ·

●了解：中国和欧洲古代美术的发展历程，以及17世纪至今的美术风格与流派。

●理解：美术的分类、美术作品的形式美、美术鉴赏的教育意义。

●掌握：美术的基本构成要素及表现风格。

●应用：根据所掌握的美术基本知识鉴赏美术作品。

艺术是人类的天性,也是一种使人们达到真实体验的"假想"。没有油画、雕塑、音乐、诗歌以及各种自然美所引起的情感,人生的乐趣会减少一半。艺术并不是真理。艺术是"谎言",然而这种"谎言"能教育我们去认识真理。美术是揭示真理的"谎言"。美到处都有,对于我们的眼睛来说,不是缺乏美,而是缺乏美的发现。从美的事物中找到美,这就是审美教育的任务。法国画家保罗·塞尚说过,我欠你的绘画真理,我将在画中告诉你。为此,我们要善于从油画的后面,感觉到"跳动着的画家的脉搏";在塑像之中,触摸到"呼吸着的雕刻家的灵魂"。

第一节 概 述

美术鉴赏是人们运用自己的视觉感知与已有的生活经验、审美知识等对美术作品进行感知、体验、联想、分析、判断的欣赏和鉴别的过程,是鉴赏者获得审美享受、提高审美能力、陶冶情操、理解美术作品和创作的过程。美术鉴赏既涉及美术作品本身的艺术魅力和审美价值,又涉及鉴赏者的知识、能力、修养和复杂的心理过程。可以说,美术鉴赏受到主客体两个方面的制约。这两个方面即美术鉴赏的客体条件(美术作品)与审美主体(鉴赏者)。美术鉴赏的客体条件是指被鉴赏的美术作品,如果客体不具备一定的审美价值与艺术价值,便失去了鉴赏的意义与价值。同样,审美主体也必须具有一定的对美术作品的感知能力与审美能力,否则美术鉴赏活动就不能正常进行。

因此,深入了解美术的发展历史对人们提高美术鉴赏能力、增强审美感受具有极其重要的意义。正如马克思所说,如果愿意欣赏艺术,你必须是一个有艺术修养的人。

一、中国古代美术的发展

对于古代美术的发展,不同民族有着很大的区别:不仅审美创造的表现方式各有侧重,而且发展进程也各不相同。大约自公元前一万年开始,我们的祖先就已经进入了新石器时代。当时美术创造的最高成就,便是审美与实用高度结合的工艺品——陶器的发明与产生。彩陶和黑陶展现出中国古代美术创造的高峰(图1-1)。

进入先秦时代,为礼教服务的青铜器艺术兴起,成为中国古代继彩陶艺术之后又一具有独特民族风格和鲜明时代特点的艺术门类。青铜艺术作为铸造工艺的艺术化生产,被广泛应用于社会生活,既包括礼器、乐器、兵器,又包括工具及车马器等。青铜器除具有实用性和观念象征性之外,其造型与装饰也显现出特定时代的审美情趣。青铜器的风格演变,经历了由简朴到繁缛、由凝重到生动的发展过程,如司母戊大方鼎(图1-2)。与此同时,彩漆木雕、宫殿庙堂壁画、墓室帛画与漆画、书法与篆刻、玉石雕刻等也初露曙光(图1-3)。

图1-1 彩陶

图1-2 司母戊大方鼎

图1-3 兵马俑、玉雕

东汉末年,随着佛教的传入,佛教艺术成为这一时期最主要的美术活动形式。佛教艺术主要包括建筑、雕塑和绘画三个方面,体现出实用性和艺术性、宗教性和审美性的结合(图1-4)。其中,建筑包括佛寺、佛塔和石窟;雕塑则为石窟造像与造像碑;绘画主要指描绘佛教经典故事的石窟壁画。我国四大洞窟的艺术代表为:甘肃敦煌莫高窟、山西大同云冈石窟、河南洛阳龙门石窟、甘肃天水麦积山石窟。

图1-4 佛塔、石窟佛像

隋唐时期,美术获得了难得的发展机遇。它在发扬秦汉、魏晋南北朝美术优秀传统的基础上,融汇一些外来的美术风格,产生了许多杰出的美术家和优秀作品,尤其在绘画方面迎来了空前的繁荣——直接描绘贵族现实生活的人物画和道释人物画达到了几乎完美的境界（图1-5）。同时，石窟造像亦有新发展。其中，精美绝伦的唐三彩陶俑显示出强烈的艺术魅力（图1-6）。

图1-5 《簪花仕女图》

图1-6 唐三彩

五代宋元时期是继隋唐之后中国绘画史上又一灿烂辉煌的鼎盛时期。就绘画本身而言，山水画、花鸟画得以充分发展（图1-7）。到了宋代，皇家画院成立，文人士大夫画兴起。就花鸟画而言，院体画主要服务于皇家宫廷，反映最高统治者审美标准——用笔工整细致、色彩灿烂、构图严谨，遵循严格的法度，形象讲求生动逼真的艺术风格特征；文人画则主要反映文人士大夫自我的生活理想与审美情趣。

赵佶《芙蓉锦鸡图》　　　　法常《莲燕图》

图1-7 花鸟画

进入明清时期,文人画持续发展,并在清代形成两个旨趣相异又相互补充的流派。一个流派强调复古,以集古人之大成为能事,强化笔墨趣味的传承性。另一个流派强调师造化,重视抒发个性,努力张扬艺术独创精神。

现代美术的发展大致可以分为五个历史阶段。第一阶段(五四新文化运动到 20 世纪 30 年代),主要是西方美术的大量引进,以及改造民族传统绘画与捍卫民族传统绘画对垒。第二阶段(20 世纪 30 年代至 50 年代),主要是以美术为武器投身抗日救亡运动,创造出具有真挚情感的革命大众化美术(图 1-8)。第三阶段(20 世纪 50 年代至 60 年代前期),在中华人民共和国成立后,美术现代性特征之一是改造传统美术形态,赋予绘画以现代社会的共同理想、文明理念,并追求为人民大众所喜闻乐见的艺术形式。第四阶段("文化大革命"时期),中国美术受到了政治运动的深刻影响,美术创作与现实功利紧密结合,写实主义渐居首位。第五阶段(20 世纪 70 年代末至 80 年代),在改革开放后,中国美术迎来了新的发展时期,此时西方近现代文艺理论著作大批引入中国,艺术史、艺术理论等研究队伍不断壮大,使中国美术现代性特征进一步发展。

图 1-8　梁又铭抗战时期的绘画作品

二、欧洲古代美术的发展

真正意义上的欧洲美术,是从古希腊开始的。希腊美术的地理范围,是以爱琴海为中心的。雪莱曾在诗中吟道,"我们都是希腊人"。希腊是欧洲文明的发源地和摇篮。没有希腊,我们就无法想象欧洲文明会是什么样子。

希腊民族是爱美、创造美的民族。希腊本土气候宜人、阳光充足、温度适中,这样的自然条件适宜于户外活动。同时,这引起了美学家的关注和激发了艺术家的表现——美学家发现人体美,艺术家创造美的人体。

希腊人在民主自由和激烈竞争的环境中不仅发现、孕育和创造了美,而且也创造了神。在希腊人的心目中最完美的人就是神,因此希腊人尊重人,并把人提高到神的高度加以肯定。希腊人把强健的身体看成是一切善与美的本源,而把希腊神话视为艺术的精神本源。正如马克思所指出的,希腊神话不仅是希腊艺术的宝库,而且是它的土壤。所以,希腊艺术的主要成就表现在神与人合一的雕刻和神庙建筑上。希腊美术的主要特点是无所不包的和谐与规律性,以及庄严与静穆。它的主要标志是体现人体美,并为人类贡献了许多艺术典范(图 1-9)。

《阿喀琉斯和埃　　《断臂的维纳斯》
阿斯掷骰子》

图 1-9　古希腊时期艺术作品

公元5世纪至17世纪的基督教美术主要包括:拜占庭美术、爱尔兰—撒克逊和维金美术、奥托美术、加洛林美术、罗马美术和哥特式美术等。受基督教禁欲主义与来世思想的影响,这种美术排斥古希腊罗马美术传统,而采用夸张、变形等手法,极力强调表现所谓的精神世界,因此往往流于概念化和公式化,缺乏真实性。但由于地域及社会性质等的差异,这种美术也形成了不同的风格。

位于东方的拜占庭美术,在一定程度上成为古希腊美术的保存者与传播者,并与当地民族美术相融合而自成体系。而西欧其他诸国的基督教美术,也都带有本民族原始艺术的明显烙印。由这些各自相对独立的美术风格共同构成的中世纪美术,在欧洲美术史上显示出独特的美学价值。

图1-10　中世纪时期建筑艺术作品

中世纪美术最重要的成就,便是建筑的发展(图1-10)。为适应宗教需要的大型纪念性建筑拔地而起,无论是拜占庭式教堂高大的圆穹,还是哥特式教堂火焰般的尖券,都体现出当时工匠们的创造才能。同时,与教堂建筑一起应运而生的装饰性雕塑、镶嵌壁画与彩色玻璃窗画,以及圣经、文学作品的插图画和各种小型艺术等,又赋予中世纪美术以丰富多彩的面貌。

文艺复兴时期的画家倡导人本主义,注重以人的价值为核心。画家们的思想逐渐从长期的基督教神学的桎梏中解放出来,敢于探索,主要体现在两个方面:一方面从希腊、罗马的古典艺术中汲取营养;另一方面,通过实践和科学的探索,发明了透视法,解决了在平面上真实地表现三度空间的问题。同时,他们改革了油画材料和技法,大大地提高了油画的艺术表现力,使西方绘画描绘客观对象的技巧得到了空前的提高。这时期产生了波提切利、达·芬奇、米开朗其罗、拉斐尔、乔尔乔涅、提香、扬·凡·埃克、勃鲁盖尔、丢勒、荷尔拜因等一批成绩卓著的画家(图1-11)。

达·芬奇《最后的晚餐》　　　　　　　　　　　　达·芬奇《蒙娜丽莎》

图1-11　文艺复兴时期绘画作品

文艺复兴运动之后,欧洲美术在17世纪和18世纪相继进入了巴洛克和洛可可时代。"巴洛克"一词含有不整齐、扭曲、怪诞的意思,大约是18世纪古典主义者奉赠给自己不太赞同的前辈艺术的一个称号。从时间上说,巴洛克流行于17世纪至18世纪初,所以有人把整个 17 世纪各国的艺术都列在巴洛克的范围之内。

巴洛克在风格上突破了文艺复兴以来讲究理性、均衡、静止的古典主义风格，其特点主要有以下六个方面。一是豪华，其服务于上层人物及贵族，表现出享乐主义。二是一种激情艺术，非常强调艺术家的丰富想象力。三是极力强调运动与变化。四是关注作品的空间感和立体感。五是具有综合性，强调艺术形式的综合手段，如在建筑上重视建筑与雕塑、绘画的综合，同时也吸收了文学、戏剧、音乐等领域里的一些因素和想象。六是具有浓重的宗教色彩，在题材上多表现幻觉的故事情节（图 1-12）。

洛可可最初指的是始于路易十五时期的室内装饰。它用贝壳、石子等作假山，用以装饰室内，虽有点混杂的感觉，不过被当时的人们认为是潇洒风雅的一种表现，所以颇为崇尚。后来，人们将石子或贝壳作的装饰稍加以变形，做成涡形纹样或花饰之类的东西用于装饰，并将这种装饰称为洛可可。

洛可可绘画从它的主题来说，和巴洛克一样，都是关于贵族的，如国王和贵族的肖像画，也有关于宫廷生活的作品（图 1-13）。但这些作品中的肖像都是豪华纤细的，即使是男人的肖像，也似乎有些女性化，看着有些纤弱。

图 1-12　贝尼尼《圣德列萨祭坛》

图 1-13　华托《舟发西苔岛》

第二节　美术的分类

传统意义上的美术是指人们借助一定的工具和物质材料，利用平面或空间，创造出具有可视性的艺术形象，进而能给人以美感的客观对象，因而又被称为造型艺术。它主要包括绘画、雕塑、工艺美术和建筑艺术。随着科技的发展和社会生活的迅速变迁，美术的生产方法与观念不断突破。一方面，在实用美术领域中，由最初手工制造的传统工艺美术逐步扩展，出现了现代化工业生产的艺术设计。另一方面，在纯美术领域里，欧美发达国家最先兴起并广泛流行了一些与传统美术大相径庭的新样式,如装饰艺术、影像艺术、行为艺术和观念艺术等。

一、绘画

绘画是美术中最主要的一种艺术形式。它是用笔、刀等工具与墨、颜料等物质材料,通过线条、色彩、明暗及透视、构图等手段,在纸、纺织品、木板、墙壁等平面上,创造出可以直接看到的且具有一定形状、体积、质感和空间感觉的艺术形象。这种艺术形象既是对现实生活的反映,也包含着创作者对现实生活的感受,反映了创作者的思想感情和世界观,同时还具有一定的美感,能使人们从中获得教育和美的享受。

从绘画的种类、形式来讲,绘画是整个艺术门类中最丰富多彩的艺术形式之一。从画种来分,绘画可以分为中国画、油画、版画、水彩画,水粉画、素描、速写等。其中,有些画种因为使用的物质材料、工具或表现技法不同,又可分为多种样式。例如,中国画可以分为壁画和卷轴画两大类。从表现特点上,中国画又可以分为工笔画、写意画和兼工带写三种。又如,版画可以分为木刻、铜版画、石版画、丝漏版画、胶版画等(图1-14、图1-15)。其中,木刻既可根据使用的材料,分为黑白木刻、套色木刻,又可根据制作技法,分为水印木刻与油印木刻。

图1-14 《金刚般若波罗蜜经》卷首图　　　图1-15 丢勒《四骑士》木刻版画

如果按照绘画的社会作用及其采用的表现形式,人们习惯上会把绘画分为宣传画(招贴画)、年画、漫画、连环画、组画和插图等绘画体裁。这几种绘画可以不限于运用某一种物质材料和工具,如可以用油画、水粉画来画宣传画,也可以用中国画、版画等画种来画宣传画。

如果再按照绘画表现的题材内容,人们习惯上会把绘画分为肖像画、风俗画、历史画、风景画和静物画等。这几种绘画也不限于使用某一种物质材料和工具，即油画可以是肖像画、风俗画、历史画、风景画和静物画，其他画种也大都可以是上述几种题材的绘画。此外，具有悠久传统的中国画，除了上面一些区分方法外，还可根据它独特的装裱形式分为手卷、挂轴、册页等几种。

绘画的种类和形式丰富多彩。由于各个国家、民族在政治经济和文化传统等方面有一定的差异，世界各国的绘画在艺术形式、表现手段、艺术风格等方面也存在着明显的区别。一般认为，从古埃及、波斯、印度和中国等东方文明古国发展起来的东方绘画，与从古希腊、古罗马绘画发展起来的以欧洲为中心的西方绘画，是世界上最重要的两大绘画体系。它们在历史上相互影响，对人类文明作出了各自的重要贡献。

不论是东方绘画，还是西方绘画，绘画作为一种重要的艺术形式，有着共同的特点。这主要表现在：绘画是通过可以直接看到的、有形有色的具体的艺术形象来反映生活和抒发画家对客观现实的感受的。从塑造具体的且可以直接看到的艺术形象这一点上来看，绘画比小说、诗歌显得更为具体和形象，更容易被广大群众所接受。但是，由于一幅绘画一般只能表现一个相对静止的瞬间，不能像小说、诗歌、电影、戏剧那样表现人物和事件的发展过程，也不能像小说、戏剧那样可以从人物的对话或者通过概括的说明来介绍人物和事件，所以绘画也有一定的局限性。为了克服这种局限性，优秀的绘画家都善于选择人物或事件最富有概括性和表现力的瞬间。这种瞬间形象在画面上虽然是固定不变的，但由于绘画所提供的人物形象是具体的且可以直接看到的，只要刻画得好，也同样可以具有引人入胜的艺术魅力。古今中外的许多名画，都可以说明这一点。

二、雕塑

雕塑又称为雕刻和塑造，是雕、刻、塑三种创作方法的总称。雕塑是用可雕刻（如木材、石头、金属、玉块、玛瑙、铝、玻璃钢、砂岩、铜等）和可塑造（如石膏、树脂、黏土等）的物质材料制作出具体实体形象，塑造出占有一定空间的可见、可触的各种具体艺术形象，借以表达艺术家的审美感受、审美情感和反映现实生活的一种艺术形式。与建筑、工艺美术相比，雕塑一般不注重实用性，而突出强调观赏性和精神象征性。与绘画和现代影像艺术相比，雕塑具有一定的重量，不仅可视，而且可触摸。

从表现形式来分，雕塑可分为圆雕和浮雕两大类。

圆雕是指那种不附着任何背景，能让人从多角度观赏的，完全独立的雕塑（图1-16）。圆雕作为公共艺术的大型城市景观雕塑、园林雕塑以及各种充满情趣的小型陶塑，广泛受到人们的青睐。

浮雕是在具有背景性质的实体平面上雕出凸起的主题形象的雕塑品类，也称为浅雕、凸雕。浮雕因其依托于其他实体（如纪念碑、建筑物、用具器具等），故不能让人环绕四周进行全面观赏，而只是一个观赏面。依照雕刻立体形象凸出厚度的不同，浮雕可分为高浮雕、浅浮雕、薄浮雕三种。此外，镂空底板的高浮雕称为透雕。如佛教石窟中的壁龛雕饰、唐代昭陵六骏，以及人民英雄纪念碑浮雕等，都是广为人知的实例。

霍去病墓石雕《伏虎》

米开朗基罗《大卫》

图 1-16 雕塑

三、工艺美术

工艺美术作为美化生活用品、工业产品和生活环境的造型艺术种类,是一种集装饰、绘画、雕塑为一体的空间性的综合艺术。工艺美术主要指将日常生活用品经过艺术化处理以后,从而获得具有强烈的审美价值的产品,与人的物质生活、精神生活以及生产技术密切相关。

按照工艺美术的用途,工艺美术作品可分为实用工艺品和陈设欣赏工艺品。实用工艺品是整个工艺美术作品的主体和基础,是经过审美加工的实际生活用品。这类工艺品主要包括经过装饰加工的茶餐具、灯具、木器家具、绣花制品、草竹编织品等,以及服装、环境布置、出行工具的造型等。实用价值是这类工艺品的主要价值,审美价值作为辅助价值而存在。陈设欣赏工艺品是指那些摆设、观赏功能为主的工艺品。这类工艺品以审美为其首要价值,手工技艺性很强,其实用价值已不明显或完全消失,如玉器、金银首饰、象牙雕刻、景泰蓝、漆器、壁挂、陶艺等。

> **• 案例分析 •**
>
> **《太平有象》作品**
>
> "张同禄大师景泰蓝艺术大展暨张同禄十大经典作品发布仪式"在中外首工美术馆开幕。活动现场展出了张同禄 54 年来创作的 50 余件景泰蓝艺术珍品,是作品数量最全、展示规模最大的一次展览。现场还发布了张同禄 54 年来最具特色的"十大经典作品"。专家评委通过艺术性、独特性、奖项与荣誉、收藏鉴赏价值等标准,提名作品名单,按照每件作品的大众投票率确定入选作品。《太平有象》便是最后入选的作品之一。

中国工艺美术大师霍铁辉表示，张同禄对于景泰蓝造型工艺上的突破是革命性的。比如，钢花瓶的纹样结合时代特点，艺术地表现了我国工业生产的场景，这打破了以往景泰蓝不能表达现实生活的局限。他的作品承袭数百年的皇家气质并且在此基础上突破创新，以奇妙的构思、丰富的釉色变化、多样的工艺融合不断地超越传统，使作品题材广泛，造型多彩多姿，风格清逸新颖、超凡脱俗，并以新、巧、俏、美、雅及强烈的时代感形成了自己鲜明独特的艺术风格，自成一派，被人誉为"景泰蓝第一人"。

图1-17　《太平有象》作品

工艺美术作品是以美术的技巧制成的各种与实用相结合，并有欣赏价值的工艺品。它是因人们的实际生活要求而产生的，与人们的日常生活有着密切的关系。因此，工艺美术作品通常具有双重性质：既具有物质产品的实用性，又具有不同程度的审美性。

四、建筑艺术

建筑是建筑物和构筑物的统称，是基于人类劳动实践和日常生活遮风雨、避群害的使用目的而产生的。可以说，建筑是人类为自己创造的物质生活环境，即人类生活所必需的居住和活动的场所，也是为满足人们生活、生产或从事其他活动而创造的空间环境。建筑的艺术性主要是指通过空间实体的造型和结构安排、不同材质与色彩美感的发挥，以及其与自然环境的有机联系而表现出来的审美特色。同时，人们将合理的实用功能和先进的技术手段相结合，也会造成一种功能美与技艺美。

建筑艺术的范围极广，包括城乡建筑环境，各种类型房屋、陵园、园林、纪念性建筑、政治性建筑、宗教性建筑、旅游性建筑和其他公共建筑等。按照建筑的功能性特点，建筑艺术可分为纪念性建筑、宫殿陵墓建筑、宗教建筑、住宅建筑、园林建筑、生产建筑等类型。按照建筑的风格，建筑艺术可分为哥特式建筑、罗马式建筑、中国式建筑、日本式建筑等。总体而言，建筑艺术与工艺美术一样，也是一种实用性与审美性相结合的艺术。

建筑的造型美感主要由几何形的线、面、体构成，它要求造型的各个组成部分在总体中形成和谐的有机整体。古罗马建筑学家维特鲁威在200多年前曾提出建筑的三个经典要素：实用、坚固、美观。直到今天，无论是宏大的纪念性建筑还是一般住宅，依然沿用了这一标准。同时，公共建筑还通过隐喻、象征等手法，营构艺术气氛，表现特定时代、民族、地域里的人的审美理想，并赋予其精神内涵。

· 案例分析 ·

埃及胡夫金字塔

举世闻名的埃及胡夫金字塔,也称大金字塔。它建于公元前 2560 年,塔高 146.5 米,因年久风化,顶端剥落 10 米,现高 136.5 米。塔身用约 230 万块石料堆砌而成,大小不等的石料重达 1.5 吨至 160 吨,塔的总重量约为 684 万吨。它是埃及现存规模最大的金字塔。

胡夫金字塔是一座几乎实心的巨石体,由成群结队的人将这些大石块沿着地面斜坡往上拖运,然后在金字塔周围以一种脚手架的方式层层堆砌而成。这座金字塔建成后被用作陵墓。古埃及人相信死后永生,因而在金字塔内的墓穴堆满了黄金和各种贵重物品。

图 1-18 胡夫金字塔

五、艺术设计

艺术设计也称为设计美术,它随着人类科学技术和文化艺术的发展,已成功地渗入人类生产、日常生活和社会生活的各个领域之中。艺术设计主要包括工业设计、平面设计、环境艺术设计、戏剧美术设计、服装设计等类别。

工业设计是以工学、美学、经济学为基础,对工业产品进行的设计。它是 20 世纪初工业化社会的产物,其设计理念从产生之初的"形式随机能"发展到现今的"在符合各方面需求的基础上兼具特色"。随着以机械化为特征的工业社会向以信息化为特征的知识社会迈进,工业设计也由专业设计师的工作向更广泛的用户参与演变,使用户参与、以用户为中心成为设计的关键词。

平面设计主要包括封面设计、包装设计、壁饰、插图设计、招贴海报、标志设计、文字设计、陶艺设计等(图 1-19)。

环境艺术设计主要包括室内设计、公共场所设计、展示设计等。只要是对一个区域的具体规划与设计,都可以属于环境艺术设计,如对园林、地铁站、图书馆等的设计(图 1-20)。

图 1-19 平面设计作品

图 1-20 环境艺术设计之园林设计

戏剧美术设计主要包括舞台设计、影视美术设计等（图 1-21）。

图 1-21 戏剧美术设计之影视美术设计

服装设计主要包括人物服装、化妆、发型设计等（图 1-22）。

图 1-22 服装设计之人物化妆、发型设计

六、书法与篆刻

书法与篆刻是中国传统艺术中独有的艺术门类。书法是文章书写的艺术,既有语言文字所具备的实用价值,也具有欣赏性的艺术价值。篆刻则是书法与雕刻相结合的产物。

中国古代书法,按其字体的不同可分为篆、隶、草、楷、行5种基本类型。其中,出现最早的篆书见于商代,而出现稍晚的楷书和行书则发端于汉代。中国书法作为一门艺术,主要是在秦汉时代确立起来的。

书法作为艺术,是建筑在文字基础上的艺术化和个性化。真正的书法作品(图1-23),不仅是创作者对文字外在形式的创造,还显示出创作者的思想意趣和精神气质。通过书法作品,可传递知识信息,宣扬道德观念。同时,书法作品又通过文字的点画间架、分行布白、运笔的轻重疾徐等法则,显示出各种各样的形式感、节奏感、韵律感,取得高深隽永的美学趣味,形成书法家独特的个性、风格,从而给欣赏的人们以艺术美的享受。

图1-23　书法作品

篆刻作为篆书的雕刻形式,源自殷商时期的玺印。篆书包括大篆和小篆,其中大篆包括甲骨文、金文、籀文和通行六国的文字;小篆又称秦篆。将篆书刻成玺印,只是造出一种权力和信用的凭证,用于文书、简牍及物品封存、转移等场合,故篆刻最初的功能体现为实用性。只有到了宋元以后,以元代画家王冕自己动手刻印代替匠人刻印为始,随后文人、书画家加入刻印行列,并让印书与书画创作相结合,才使篆刻真正上升为一门独立的艺术(图1-24)。

图1-24　大篆及篆刻作品

篆刻的艺术性是建立在篆法、章法与刀法的巧妙运用和紧密配合的基础之上的。其中，刀法是篆刻艺术创造过程中最关键的环节。因为只有通过心手相应的刀法妙用，才能最终制作出或古拙，或秀逸，或沉稳，或圆润的成功之作。

第三节　美术风格与流派

一、17 世纪至 19 世纪末的美术流派

艺术风格既具有多样性又具有一致性，当具备某种一致的风格时，便形成了一定的艺术流派。艺术的风格和流派，本质上就是艺术美在多种形态上的表现。因而，关于风格和流派的问题，直接关系到艺术的丰富与繁荣，以及其是否能满足人们多样性的审美需求。

艺术风格作为一种表现形态，犹如人的风度，它体现于艺术作品的整体之中。它是作品独特内容与形态的统一，也是艺术家的主观特点与题材的客观特征的统一。具有鲜明的独创风格的艺术作品，能够产生出巨大的艺术感染力。它不仅能给人留下强烈的印象，而且能使人们从这样的作品中发现其他任何作品所不能替代的美。

艺术风格是创造个性的自然流露。所谓创造个性，是指一个艺术家区别于其他艺术家的主观特征，这些特征显著且相对稳定。艺术风格存在于艺术家身上，而通过他所创造的艺术作品表

图 1-25　17 世纪古典主义绘画作品

现出来，即所谓"诚于中而形于外"。如，崇高风格到了紧要关头，像剑一样脱鞘而出，像闪电一样把所碰到的一切劈得粉碎，这就把作者的全副力量在一闪耀之中完全显现出来。[①] 艺术家能够成功地反映到他的作品中去的东西，只能是在他所特有的思想、情感、个人气质、生活经验、审美理想规定的范围内，能够为他所深刻感受、体验和引起他的创作冲动的东西。真正的风格，是艺术家的主观性与其作品对现实的反映的客观性的统一。

从另一个角度来看，风格类型也就是艺术流派。当一个流派比较突出地反映了某一时代的社会思潮和审美理想，并在表现方法上有所创新时，它就可能成为在该时期占主导地位的流派。例如，西方 17 世纪以来的古典主义、新古典主义、浪漫主义、现实主义、印象主义、自然主义等。

---

① 朱光潜.西方美学史[M].北京：人民文学出版社，2002：110.

(一)古典主义

古典主义产生于17世纪初期的法国,它的基本特点是推崇理性,崇尚自然。以古希腊、古罗马的艺术为最高典范,在绘画上强调以理性、客观呈现观察对象,不主张加入情感与主观思想。其代表作品普桑的《阿卡狄亚的牧人》,构画讲究平衡稳定,以素描结构表现对象(图1-26)。

古典主义在其产生和发展的过程中曾起过积极作用。它借用古希腊、古罗马传说中的英雄故事表现新兴资产阶级革命的理想和热忱,在追求风格的庄严崇高的美这一方面取得了重要成就。

图1-26 古典主义绘画作品

图1-27 新古典主义绘画作品

(二)新古典主义

新古典主义之所以在古典主义前加上"新"字,是因为它同样源于古罗马艺术,立足于宁静、理性主义的体现,但又与古典主义不同,是一场新的复古运动。新古典主义将对象理想化、完美化,倾向于宣扬为祖国而战的思想审美倾向,追求时代印记。在其代表作品达维德的《荷拉斯三兄弟的宣誓》中,三兄弟在父亲面前手举武器宣誓,男性坚强的体魄与右边女性柔软姿态对比鲜明;平衡理智的构图,多以直线构成的形体姿态,显露出古罗马艺术的庄严感,传达出高昂的革命斗志精神(图1-27)。

新古典主义在其产生和发展的过程中曾起过积极作用。但是,新古典主义到了末期,逐渐流入僵死的公式主义,脱离了丰富生动的现实生活,在18世纪末到19世纪初被兴起的浪漫主义流派所取代。

(三)浪漫主义

浪漫主义是在与已经僵化了的古典主义的斗争中发展起来的,它鼓吹创作自由,主张大胆表现艺术家的个性、理想和热情,形成了一种与古典主义不同的崭新的风格。可以说,浪漫主义是当时艺术发展中的一次解放和革新(图1-28)。

浪漫主义在新的历史条件下捍卫和表现了资产阶级反封建的进步理想,以充满鲜明的个性和奔放的激情的新风格,给艺术带来了一种新的美。但是,由于受到资产阶级不可避免的阶级局限和历史局限,浪漫主义所追求的理想带有脱离现实的抽象空间的弱点。这使得它后来越来越陷入理想与现实的不可解决的矛盾之中,流入神秘主义和悲观主义,或沦为肤浅平庸、矫揉造作的"理想化"表达。

图1-28 浪漫主义绘画作品

图1-29 现实主义绘画作品

(四)现实主义

至19世纪中叶,现实主义流派在反对日益衰颓的浪漫主义流派中日益兴起,进而成为占有主导地位的流派。现实主义流派以面向日常生活、冷静地分析批判现实为特征,极大地发展了再现现实的艺术手法,产生了一系列既具有艺术审美价值又具有历史文献价值的优秀作品(图1-29)。

但是,它对于现实的批判是从资产阶级和小资产阶级的民主主义立场出发的,因而超不出资产阶级狭隘的视野,看不到决定人类历史发展的客观物质原因,也不懂得人类历史发展的规律性。因此,竭力探求社会生活本质的现实主义在其发展过程中逐渐蜕化为自然主义。

(五)印象主义

印象主义兴起于19世纪60年代至70年代,被视为现代绘画的起点。画家们虽仍以现实主义为描绘方式,但他们更多的是根据当代科学的发展,了解光与色彩之间的关系,再依靠自己眼睛的观察再现出个人的瞬间视觉印象(图1-30)。画面呈现出光在物体上造成的丰富色彩效果,鲜明而富有个性,打破了传统艺术仅注重物象明暗关系变化的局限,代表画家有马奈、莫奈、德加、雷诺阿和莫里索等。

在印象派发展到高潮之后,新印象主义和后印象主义也应时而生。后印象主义画家以梵高、塞尚、高更为代表,他们对印象主义画家们过分痴迷于光的表现以及仅停留在客观描绘世界的方式感到不满,认为艺术需以艺术家的主观情感去改造世界、去表现主观化了的客观世界(图1-31)。

图1-30 印象主义绘画作品1　　　　　　　　图1-31 印象主义绘画作品2

（六）自然主义

自然主义产生于19世纪后期的法国,它用生物学的观点看待人,把人看作是消极地被环境和遗传所决定的动物。自然主义认为,文艺应该像自然科学研究生物那样,只限于纯客观地观察和记录事实,而不应对生活作主观的分析和评价。它把艺术家对生活的分析和评价同艺术对生活的客观的、真实的反映互不相容地对立起来,实际上就是把生活现象的记录视为唯一的真实(图1-32)。

图1-32 自然主义绘画作品

尽管自然主义者中的个别人物(如左拉)也曾写过某些有一定价值的作品,但总的来看,自然主义潮流的出现,标志着企图深入探求社会生活本质的现实主义流派的衰落。

二、20世纪以来的美术流派

在近代文艺史上产生过重大影响的流派,主要是以上所说的古典主义、新古典主义、浪漫主义、现实主义、印象主义、自然主义。20世纪以来,在西方资产阶级文艺中产生了以各种主义命名的名目繁多的流派。仅就绘画而言,在印象主义之后,20世纪以来的流派就有野兽主义、立体主义、表现主义、超现实主义、抽象主义等。对于这些流派,我们应作具体的历史的分析,不宜作简单化的肯定或否定。我们对于表现了资本主义腐朽性的一面必须加以批判,而对于符合现代的审美趣味的发展和具有合理、进步因素的一面则不能一概否定。

（一）野兽主义

野兽主义即野兽派，是自 1898 年至 1908 年在法国盛行一时的一个现代绘画流派。它虽然没有明确的理论和纲领，但却是一定数量的画家在一段时期里联合起来积极活动的结果，因而也可以被视为一个画派。野兽主义画家热衷于运用鲜艳、浓重的色彩，往往以直率、粗放的笔法，用直接从颜料管中挤出的颜料，创造强烈的画面效果，充分显示出追求情感表达的表现主义倾向。

野兽主义画家继续着后印象主义画家梵高、高更、塞尚等人的探索，追求更为主观和强烈的艺术表现。画风不再讲究透视和明暗，放弃传统的远近比例与明暗法，采用平面化构图、阴影面与物体面的强烈对比，脱离自然的模仿。

野兽主义画家有马蒂斯、弗拉曼克、德兰等，他们三人自 1905 年至 1908 年间的创作均具有野兽主义的特质，个性的表现极为勇猛。其中，马蒂斯最足以被称为野兽主义的一代宗匠。他的画作多以女性为主题，女性之美对他影响至深，他笔下的女性形体，充满韵律的和谐与优美（图 1‐33）。此外，马尔凯、卢奥、芒更、卡莫昂、杜菲以及荷兰的唐元等也都属于野兽主义画家。[①]

图 1‐33　野兽主义绘画作品

野兽主义的主要原则是通过颜色和光的作用来营造空间效果。它采用既无造型又无幻觉明暗的平涂，摒弃了传统的造型和明暗幻觉效果。其手段强调净化和简化，运用构图来实现表达与装饰之间的平衡，即在动人的暗示与内部秩序之间达到高度的一致。马蒂斯说过，构图就是运用装饰的方法，对画家用来表达自己感情的各种不同素材进行安排的艺术。

野兽主义画家广泛利用粗犷的题材与强烈的设色来颂扬气质上的激烈表情，不顾体积、对象和明暗，依靠结构上的原则，用纯单色来代替透视。马蒂斯的老师莫罗曾对他说过，"你必须使绘画单纯化"。所以，作为野兽主义主要代表的马蒂斯，顽强地使色彩恢复它原本具备的力量、单纯和表现的意义。

---

① 中央美术学院美术史系外国美术史教研室. 外国美术简史（修订版）[M]. 北京：高等教育出版社，1998：12.

（二）立体主义

立体主义是西方现代艺术史上的一个流派，在1908年始于法国，又被译为立方主义。立体主义的艺术家追求碎裂、解析、重新组合的形式，形成分离的画面——以许多组合的碎片形态为艺术家所要展现的目标（图1-34）。艺术家从许多的角度来描写对象物，将其置于同一个画面之中，以此来表达对象物最为完整的形象。物体的各个角度交错叠放，形成许多垂直与平行的线条角度，散乱的阴影进一步强化了立体主义的画面的二维空间感，打破了传统西方绘画透视法所营造的三维空间错觉。这种背景与画面的主题交互穿插的方式，让立体主义的画面创造出一个二维空间的绘画特色。

图1-34 立体主义绘画作品

不断寻求创新的艺术家布拉克与毕加索，开始寻找新的画中主题及空间的表达模式。他们受到了塞尚、乔治·秀拉、伊伯利亚雕塑、非洲部落艺术（即便布拉克驳斥这种说法）及野兽派的影响。立体主义画家接受了塞尚关于创造视觉立体形象的观念，进而转向一种对心理的立体形象的追求。

立体主义创作的主要特征为先在画面上将一切物体形象破坏和肢解，然后再加以主观地拼凑、组合，以求所谓立体地表现出物体的不同侧面，即在平面上表现出二度和三度空间，甚至表现出肉眼看不见的结构和时间（四度空间）。与狂野的野兽派完全相反，立体主义代表唯理的倾向。它认为印象派、野兽派的绘画都是在模拟自然，基本上是表现性的艺术作品。立体主义的意义在于空间处理的新观念。它实际上是主宰20世纪艺术中抽象的和非具象的绘画流派的直接源泉。与表现主义风格的浪漫特性相比较，立体主义风格可以说是古典的和形式主义的。

尽管立体主义受到一些非议，但它毕竟具有划时代的意义。它成为未来几十年许多画家的灵感来源和与传统分离的标志。立体主义在反传统的口号下，具有浓厚的形式主义倾向。立体主义美术运动的鼎盛期虽仅有7年，但却造成了极其广泛的影响。立体主义在艺术形式上的探索，在20世纪的最初10年影响了全欧洲的艺术家，并激发了一连串的艺术改革运动，如未来主义、结构主义及表现主义等，尤其在现代工艺美术、装饰美术、建筑美术等注重形式美的实用艺术领域，其推动作用尤为显著。

（三）表现主义

表现主义作为现代重要艺术流派之一,在 20 世纪初流行于德国、法国、奥地利、北欧和俄罗斯。表现主义是一种艺术思潮,强调表现艺术家的主观感情和自我感受,常通过夸张、变形乃至怪诞的方式处理客观形态,以此宣泄内心的苦闷。表现主义认为,主观是唯一的真实,否定现实世界的客观性,反对艺术的目的性。它既是 20 世纪初期绘画领域中特别流行于北欧的艺术潮流,也是社会文化危机和精神错乱的反映,在社会动荡的时期表现得尤为突出和强烈。

1901 年,法国画家朱利安·奥古斯特·埃尔韦为表明自己的绘画有别于印象派,首次使用了"表现主义"一词。后来德国画家也在章法、技巧、线条、色彩等诸多方面进行了大胆的"创新",使其逐渐形成了一个派别。它后来又扩展到音乐、电影、建筑、诗歌、小说、戏剧等领域。

图 1-35　表现主义绘画作品

表现主义是艺术家通过作品着重表现内心的情感,而非对描写对象形式的客观摹写,因此往往呈现出对现实的扭曲或抽象化的特点(图 1-35)。这个做法尤其用于表达恐惧等情感,故主题欢快的表现主义作品较为少见。

（四）超现实主义

超现实主义画派于 1924 年在法国产生,由法国作家布列顿发起。他在巴黎先后发表了两次《超现实主义宣言》,形成了超现实主义画派。他认为,"下意识的领域"如梦境、幻觉、本能等是创作的源泉,主张从潜意识的思想实际中求得"超现实"。超现实主义作品主要描写潜意识领域的矛盾现象,把生与死、过去与未来、真实与幻觉统一起来,具有恐怖、离奇、怪诞的特点。其代表人物主要有米罗·恩斯特等。

如果说现实主义在处理色彩时,是在真实的基础上力求发挥色彩的表意作用,那么超现实主义则十分强调主观色彩的运用,只注重色彩的表意功能,而不再考虑色彩处理的真实性。

（五）抽象主义

抽象表现主义又称抽象主义或抽象派,是第二次世界大战后直到 20 世纪 60 年代早期的一种绘画流派。"抽象派"这一术语在 1946 年首次被应用于美国艺术领域,由艺术评论家罗伯特·寇特兹提出。"抽象表现主义"这个词用于定义一群艺术家所创作的大胆挥洒的抽象画。这些艺术家的作品风格多样,或热情奔放,或安宁静谧,都是以抽象的形式表达和激起人的情感(图 1-36)。

图 1-36 抽象主义绘画作品

　　抽象主义是第一个由美国兴起的艺术运动,也是第二次世界大战之后西方艺术的第一个重要的运动。它是第二次世界大战后漫长风格实验的开端,标志着一个新的时代的到来。自此之后的一段时期里,西方现代艺术的中心从巴黎转移到了纽约。

本章小结

　　本章从历史的角度简要梳理了中国及欧洲古代美术的发展轨迹,介绍了美术的分类及其表现形式。同时,对 17 世纪至今的主要美术风格与流派进行了系统分析。

教学做合一

　　说一说美术鉴赏对幼儿学习与生活的价值。

第二章

素描

● 目标与导读 ●

● 了解：素描工具、表现形式。

● 理解：比例、比例关系的形式美感。比例关系涉及观察方法和画面的整体对比关系，不可轻视。比例关系的形式美感，是把画面各因素的比例关系作为一种绘画语言或画面形式进行研究，从而使画面各因素的比例关系形成独特的视觉美感。

● 掌握：素描练习中的重要内容——形体、结构、透视、明暗关系。

● 应用：在写生和创作中，灵活运用形体、结构、透视、明暗关系等方法进行结构素描、全因素素描。这也是衡量素描课教学成果的重要标准。

> 不论是结构素描还是全因素素描,形体、结构、透视、明暗关系这几个因素都是不可或缺的。其差别在于侧重点不同:结构素描是把物体的结构关系当作研究对象,而忽视光影因素的影响效果;全因素素描则是以还原对象为目的,以我们的视觉真实为标准,根据需要充分表现各个因素。

第一节　概　　述

一、素描概述

素描是指仅用单一颜色(不仅限于黑白)来表现对象造型的绘画方法。造型则包括了对象的轮廓、结构、光影、空间、体积、质感等基本要素。素描不仅是现有一切造型艺术的基础,而且还可以作为一门独立的艺术,具有独特的艺术价值。

素描的历史可以追溯到人类历史的远古时期,它是人类最早的绘画形式和最古老的艺术语言。然而,素描的表现魅力直到 15 世纪欧洲的文艺复兴时期才被人们发现并广泛传播。在文艺复兴时期,透视学、人体解剖学和构图学原理相继被发明并广泛运用于素描中,使素描在表现物体的立体感、空间感时更有说服力和真实感,同时也促进了人们对素描的深层认识(图 2-1、图 2-2)。

图 2-1　素描作品 1　　　图 2-2　素描作品 2

中国的白描也属于素描的一种表现形式。我国敦煌、麦积山及永乐宫的壁画,都证明了古代中国的素描造型水平已达到相当高的程度。与西方传统素描相比,白描更侧重追求线条的趣味性,强调通过线条的运用传达出物象的神韵与意趣,而非追求对象立体造型的真实再现,且较少受光线、空间、质感等因素的影响(图 2-3、图 2-4)。

西方传统素描是西方传统绘画的基础,注重对象的真实还原与再现。它利用特定的环境、光影,以及物体的透视与结构,在二维的平面上真实再现对象的三维空间。在很大程度

图2-3　白描　敦煌壁画1

图2-4　白描　敦煌壁画2

上,西方传统的写实素描是以人的视觉感官真实为依据的,这也是素描写生的基本要求。因此,素描更易受到外部客观因素的影响和制约。

要培养一个人正确的观察方法,以及提高一个人的手绘能力和审美能力,学习素描是最有效的途径之一。只有具备了观察对象、概括对象、表达对象、熟练掌握素描语言的能力,人们才能更容易进入其他造型艺术领域。

二、素描工具

(一)铅笔

画素描所用的是绘画专用的铅笔(图2-5)。市面上的绘画专用铅笔品牌众多,每个品牌有其特点和优势,以满足人们在绘画时的不同需求。这些铅笔根据笔芯硬度的不同,主要分为B和H两种型号。其中,B型笔硬度较低,画出来的线条较浓、较黑。根据硬度变化,B型笔又分有B至12B十二个级别,其硬度从B至12B逐级降低。其中,12B的笔芯是最软的,画出来的线条也最黑。H型笔硬度较高,画出来的线条较淡、较浅。常用的H型铅笔有H至6H六个级别,其硬度从H至6H逐级升高。其中,6H的笔芯是最硬的。

图2-5　铅笔

图2-6　素描纸

(二)素描纸

素描纸有全开、半开、四开、八开等规格(图2-6)。在平常练习时,人们使用的素描纸一般为四开和八开,厚度不宜太薄,重量以120克或160克为宜。

(三) 橡皮

从一定意义上来说,橡皮也是一支笔,一支白色笔(图2-7)。当我们需要修改或提高画面明度时,橡皮是一种非常实用的工具。将橡皮切开,利用锋利的边沿可以擦出细微的形体变化或高光部分,尤其在表现暗面的反光时,橡皮更是必不可少。需要注意的是,应避免选择过硬的橡皮,以免损伤画面。

图2-7　橡皮　　　　　　　　　　图2-8　画板

(四) 画板

画板其实就是一块四方平整的木板,根据纸张的规格,分为全开、半开、四开和八开。为了方便人们携带,平时写生时一般选用八开或四开的画板(图2-8)。

(五) 夹子

夹子的主要作用是画画时把纸张固定在画板上,使纸张紧贴画板,便于人们准确地表现写生对象(图2-9)。

图2-9　夹子　　　　　　　　　　图2-10　美工刀

(六) 美工刀

美工刀主要用于裁切纸张和削铅笔(图2-10)。

第二节　素描基础知识

一、形体

形体是绘画的最基本因素,包含"形"和"体"两个方面。形,就是外形,指物体的外轮廓;体,就是体积,物体都有各自的结构组合形式,由此形成自身的空间立体关系。外形是物体内部结构的外在表现,其变化完全取决于物体的内部结构特征;而物体的体积和空间特征,则必须通过外形体现出来。

任何物体的形体结构可以概括为几种基本的几何形体,如圆柱体、立方体、圆锥体、圆球体(图2-11至图2-14)。复杂的物体可以概括为若干几何形体的组合(图2-15至图2-17)。

图2-11　圆柱体　　　　图2-12　立方体　　　　图2-13　圆锥体　　　　图2-14　圆球体

图2-15　鸡尾酒　　　　图2-16　几何形体概括　　　　图2-17　几何形体组合

在写生过程中,我们应首先注意观察写生对象整体呈现的基本外形。只有把握住对象的基本外形,才能抓住其形体特征。可以说,准确把握物象的形体特征是学习素描的基础。

(一)打形练习

步骤一:观察

当我们确定写生对象后,我们首先要做的不是马上拿起笔去画,而是先认真地观察一下写生对象的外形特征。如图2-18所示,写生对象整体由三朵蘑菇和底部的椭圆形组成,其中每一朵蘑菇都由三角形和长方形组成;而写生对象的整体外形呈不规则的倒梯形。只有经过这一步的仔细观察,才能使我们在绘画过程中更准确地概括出写生对象的外形特征、比例和结构。

图2-18　写生对象　　　　　图2-19　外形概括

步骤二:外形概括

经过第一步的观察,我们可以大胆地用长线概括对象的外形(图2-19)。这一步主要是从大的整体出发,试探性地把写生对象大概的外形特征、比例做粗略的规划,定出写生对象的最高点、最低点、最左点和最右点。在这一步,切记不可用短线描绘细节。许多初学者往往不注意这一点,他们一开始就从最不起眼的局部出发,去描绘一些无关紧要的细节,从而忽略了写生对象大的外形特征和比例关系。这样做不利于培养初学者学会正确的观察方法,也不可能提高他们的概括能力。

步骤三:外形分解与组合

在定出写生对象大致的外形后,我们还是用较长的线条,将写生对象的结构进一步细分。先把写生对象中的每朵蘑菇的大概位置画出来,再用三角形概括蘑菇顶部,用长方形概括茎部(图2-20)。每一朵蘑菇都有各自的特征,即使概括成三角形也要体现各自的特点。这时要注意三朵蘑菇之间,以及蘑菇与底部椭圆形的比例关系、前后空间关系。

图2-20　外形素描　　　　　图2-21　精确刻画

步骤四:精确刻画

有了前面三个步骤的铺垫,现在我们可以用短线来描绘写生对象轮廓的细节(图2-21)。这一步力求把写生对象各部分的特征明确,对每一段外轮廓的起伏变化都要仔细描绘。例如,蘑菇的伞的边缘呈现出不规则的弧形,局部还有锯齿状;茎部的长方形也不规则;蘑菇与底部连接处呈现圆弧形等,这些细节都需要花一定的精力和心思去完成。

(二)打形练习作品分析

这幅作品(图2-22)是一位同学的打形练习作品。这位同学的观察方法不正确,导致画面的形体存在严重问题。

从观察来看,这位同学应该是一位初学者,他的观察方法存在很严重的问题。我们根据画面可以看出,他一开始就从局部的细节描画,忽略了对象大的形体特征,正所谓"因小失大"。所以,画面陶罐的形体特征、比例关系都不准确,与写生对象相差甚远。

图2-22 有问题的打形练习作品

从概括来看,这位同学因不懂得整体观察方法,在打形的初期就没有用长线把陶罐概括为几何形,导致画面几乎看不到长线,而这正是学绘画的大忌。

从对比来看,这位同学在没有养成对比的习惯前,可能是看到哪里就画到哪里。这导致画面中陶罐罐口的透视与罐身不一致,左右两只罐耳的大小比例也显得不对称。

二、比例

比例是指数量之间的对比关系,或指一种事物在整体中所占的分量。早在14至15世纪的西方文艺复兴时期,比例就受到人们的关注。当时许多艺术家都关注对比例的研究,他们把比例称为"神圣比例"。在那个年代,人们认为,比例法则不仅是为了使作品符合实际,而且是美感的基础,即"美感完全建立在各部分之间神圣的比例关系上"。被广泛应用于绘画和建筑中的比例,就如同音乐中的和声。因此,达·芬奇认为绘画初学者必须先学比例。

在素描造型绘画中,比例是指物体与物体之间或物体各部分之间的大小、长短、高低等关系,也是在特定的视觉角度下,物体组合所形成的物体间空间位置的综合关系。一件作品中各物体间或单个物体的各组成部分之间的比例关系是否准确,通常是以我们现实生活中正常的视觉习惯作为基本判断依据的。例如,铅笔没有啤酒瓶粗;苹果没有砂锅大;远山没有近树高;瓶口没有瓶底宽;壶盖没有壶身大等。由此可见,物体的比例关系可分为物体各部分比例和物体间比例关系。

(一)物体各部分比例

物体各部分比例是指在特定的距离和特定的视觉角度下,构成物体的各部分相互之间的大小、长短、高低、宽窄等对比关系(图2-23)。

图 2-23　物体各部分比例

图 2-24　人物比例关系

(二)物体间比例关系

物体间比例关系是指在特定的物体组合、特定的距离和特定的视觉角度下,由于各物体自身体积大小差别和与创作者的距离不同,相互之间产生大小、长短、高低、宽窄等对比关系。

观察与表现比例关系有个比较好的方法,便是先抓住对比关系因素的两极,再确定中间部分,依次分割下去,就可以确定出任何复杂的比例关系。如图 4-24,我们首先需要明确画中最靠近我们和离我们最远的人物的比例关系;再根据前后人物比例关系确定处于最后的人物(纤夫队伍的最后一个人)比例;然后我们确定纤夫队伍中间人物的比例,以及其余人物的比例。

三、透视关系

透视现象是我们的视觉错觉。在现实生活中并不存在透视,它是我们为了在二维平面上塑造三维立体空间的视觉错觉感而把透视附加在画面上的。透视是美术史上的重大创新和发现,在许多较专业的学术著作中被称为"短缩"。透视法是写实造型的重要依据,只有正确掌握透视基本原则,才能准确观察物体,从而真实表现物体的空间感和立体感。

(一)透视现象的特点

1. 近大远小

图 2-25　近大远小

相信大家都有过这样的经历:当你在公交车站或汽车站候车时,旁边的大巴士与你相比是如此硕大无比,简直就是个庞然大物,而你却是那么渺小;但是当这辆大巴士驶离车站离你越来越远时,它的外形随着距离的拉远而逐渐缩小。当它开出一公里以外,这时你再看它,已经变成了小火柴盒般大小的四方盒子。如图 2-25 中,近处的女士与远处的人们形成了近大远小的关系。

2. 近高远低

在我们居住的城市、校园或者田间地头,只要留意身边街道的建筑物、校园的路灯或田野上屹立的树木,就不难发现一个有趣的现象:当我们向它们走近,它们就变得越来越高大;而当我们背对它们而去,它们则变得越来越矮小。这种现象就是透视关系中的近高远低(图2-26)。

图2-26 近高远低

图2-27 近长远短(近宽远窄)

3. 近长远短(近宽远窄)

当我们站在铁路的铁轨中间,向远方望去时,也会发现一个有趣的现象:铁轨在我们眼前呈现出一种特殊的视觉效果。这种现象就是透视关系中的近长远短(近宽远窄)(图2-27)。

4. 近实远虚

近实远虚是透视现象中的一种表现。这里所说的"实"简单地说就是指看得清楚;"虚"就是指看不清楚。如在开阔的大自然中,近处的花草清晰可见,颜色、形状一目了然,甚至可触可感;而远处的景物则仅有隐约轮廓,难以辨清细节。又如,绘画作品中的近实远虚(图2-28)。

(二)透视及其类型

透视是一门较复杂的科学,这里作一些简单的介绍说明。

视点:创作者眼睛的位置。

视线:视点与观察对象之间的连线。

视域:视点确定后,60度视角范围内所看到的区域。

视平线:向前平视,和视点等高的一条水平线。

图2-28 近实远虚

视平线与物象的关系:高于视平线的看到底面(仰视);低于视平线的看到顶面(俯视)。视平线处于物象中间时,底面与顶面都看不见。

透视主要分为以下两种类型。

1. 平行透视

平行透视是指对象形体正面与画面平行时所呈现的透视关系。此时,与画面平行的线和面不会产生透视角度变化,只会产生远近的大小变化,而且只有一个垂直于画面的消失点(图2-29)。

图2-29　平行透视

2. 成角透视

成角透视是指对象形体与画面成一定角度时的透视现象。在成角透视中,垂直的线条是与画面平行的,其他向画面纵深延伸的线条将会分别消失于左右两边的点。因此,成角透视也称为两点透视(图2-30)。

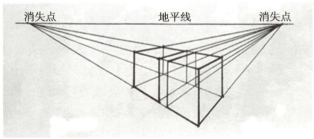

图2-30　成角透视

• 练一练 •

透视练习

观察身边的建筑和生活用具,用线条画出他们的透视关系。

（1）观察方法不正确，没有整体观念，从局部开始观察。

（2）对透视规律的理解不到位，未能在实际练习中灵活应用透视规律。

（3）不懂得用透视规律去判断自己作品的透视关系是否正确。

四、结构

在素描中 结构指物体的内部构成关系，是决定外轮廓特征的内在依据。在写生时，绘画者需把握物体的结构关系，主要通过面来体现物体的基本形体特征。这样便于理解复杂的结构关系，也有利于对物体体积感的塑造。

素描通过把握物体体积块面来塑造对象的立体空间关系，这不仅需要把复杂的对象概括为若干个几何形的组合，还应该把这些几何形理解为若干块面的组合，从而深度分析物体的结构。在二维的平面上塑造三维的立体错觉，至少需要绘制三个互相连接但朝向不同的块面，否则很难表现出对象的立体空间关系。

以最简单的正方体为例，如图2-31中只有一个块面；图2-32中也只有两个块面。显而易见，这两张图中根本没法表现立方体的立体感。而图2-33似乎已经画出三个块面，但这三个块面的朝向并没有明显的区别，因此同样也无法表现出立方体的立体感。再看图2-34，图中已具备三个朝向不同的块面，但这三个块面并没有互相连接，所以仍然无法形成一个完整的立体的物体。只有图2-35，同时具备了三个互相连接并且朝向不同的块面，才可以体现一个完整的、立体的立方体。

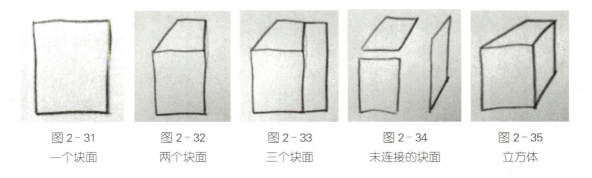

图2-31 | 图2-32 | 图2-33 | 图2-34 | 图2-35
一个块面 | 两个块面 | 三个块面 | 未连接的块面 | 立方体

因构成物体体积的块面朝向不同，便形成了形体的转折，块面间出现明显的交界线，即"形体转折交界线"。这线可以表现块面的范围、边界、形状，是物体结构变化的直接体现，对表现物体的结构特征与立体空间至关重要。绘画时，我们需要特别关注交界线，认真观察其转折与变化。

(一)结构练习——以素描啤酒瓶为例

步骤一:外形概括

仔细观察啤酒瓶的外形特征,我们会发现瓶颈是较长但不尖的圆锥,瓶身呈较长的圆柱形。同时,需注意啤酒瓶整体的长、宽、高比例。我们可以先用长线定出啤酒瓶大概高度、宽度及中线。因为啤酒瓶是左右对称的物体,观察的时候要注意左右整体的对称关系。第一步,只是粗略地画出对象大概的外形特征,具有试探性和不确定性,所以此时的线条不宜画得太实,否则不便于修改(图2-36)。

 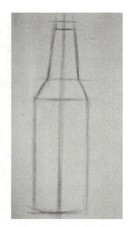

图2-36 外形概括　　图2-37 外形确定

步骤二:外形确定

在第一步的基础上,再逐步确定啤酒瓶的外轮廓。同时,需注意瓶颈和瓶身上下两部分的外形特点、大小、长短比例以及两部分衔接处的形体变化。尤其是瓶口的细节,由于瓶口和瓶底椭圆透视的微妙变化较难把握,在观察和下笔的过程中要格外细心。此时画面中啤酒瓶的特征、整体比例关系,应尽量接近写生对象(图2-37)。

步骤三:块面与转折交界线

在这一步,要先大概地定出啤酒瓶瓶颈和瓶身的转折交界线。由于啤酒瓶是由圆柱的瓶身和接近圆锥的瓶颈组成的,其转折交界线较含蓄,需要我们仔细观察、理解、体会。但对瓶颈和瓶身交接处的转折交界线,可大胆画出来(图2-38)。

步骤四:形体结构准确刻画

根据啤酒瓶的结构变化,把整体的转折交界线画明确、画准确。瓶口形体变化较为丰富,此处的转折交界线要仔细刻画。同时,需强调整体的主要交界线,弱化次要的交界线,使画面整体的空间对比关系更强烈一些(图2-39)。

图 2-38 画出转折交界线　　　　图 2-39 准确刻画形体结构

（二）结构练习作品分析

常见的结构问题:块面朝向与转折交界线不准确(图 2-40);块面理解有偏差(图 2-41);转折交界线主次不分明(图 2-42)。

图 2-40 结构问题 1　　　图 2-41 结构问题 2　　　图 2-42 结构问题 3

五、明暗关系

明暗关系是素描绘画重要的基本要素之一,是表现物体立体感、空间感和质感、真实感的重要手段。

任何物体在光的作用下都会呈现出一定的明暗关系。光的强弱、距离、角度的变化,都会使物体呈现出不同的明暗关系。而物体的制作不同材料,也会影响明暗关系的变化。

我们经常能看到物体在光照下,会形成受光部和背光部两部分。其实只要我们仔细观察就不难发现,物体的明暗层次非常复杂和丰富。但在绘画中,我们把复杂的光影变化概括为"三大面"与"五大调",以便能更好地整体把握对象的形体和空间。

"三大面":在特定的光源照射下,物体由于自身的结构特点和受光程度的不同,呈现出丰富的明暗关系。在写生的时候,我们必须把这些复杂的光影变化概括为亮面、灰面、暗面(白、灰、黑)三大区域(图 2-43)。

"五大调":为了充分表现对象的立体空间关系、质感、细节,在写生时对象的"三大面"又可再细分为"五大调",即亮面、灰面、明暗交界线、暗面、反光(图2-44)。

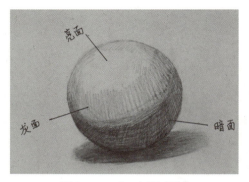

图2-43 "三大面"区域

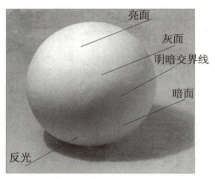

图2-44 "五大调"区域

图2-45 明暗交界线

明暗交界线:在亮面和暗面相交的位置通常会出现一条色调较暗的区域,准确地说,这一区域处于灰面与反光之间。明暗交界线出现的位置和形状,往往与物体的结构、块面有密切的联系。在某些情况下,明暗交界线就是形体转折交界线,二者重合的现象经常发生(图2-45)。

反光:在物体的背光面(暗面),经常受到所处环境反射的光的影响,因此在明暗交界线与物体投影之间会出现一块比明暗交界线稍微亮但又比亮面的灰面要暗的区域。材质表面光滑的物体,其反光效果最为明显。

(一)排线练习

画素描所使用的工具是铅笔和素描纸。铅笔与国画所用的毛笔、画油画所用的油画笔有很大的不同。毛笔和油画笔可以画出较宽的面,而铅笔画出来的是一根单薄细长的线条。如果用铅笔表现块面,则必须把线条密集排列在一起才能形成块面。国画和油画通过调和墨色的浓淡、油彩的深浅表现黑白色调的变化。素描则通过画线条时力度的轻重和线条的重叠来表现黑白灰色调。学习素描首先要熟练地掌握各种线条的画法,才能运用这些线条表现出我们所要描绘的事物,因此在进行素描的色调练习前,必须先进行排线练习。

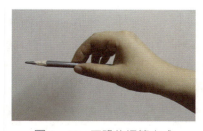

图2-46 正确的握笔方式

首先,我们要使用正确的握笔方式(图2-46)。使用正确的握笔方式是为了让我们能更方便地画出各种线条。

通常,线条的练习分为平行排线和渐变排线。平行排线有直线(图2-47)、横线(图2-48)、斜线(图2-49)、交叉线(图2-50)。渐变排线是指由浓变淡(图2-51)、由淡变浓(图2-52)。

图 2-47　直线

图 2-48　横线

图 2-49　斜线

图 2-50　交叉线

图 2-51　渐变排线(由浓变淡)

图 2-52　渐变排线(由淡变浓)

(二)明暗色调练习

步骤一:外形概括

整体观察对象的外形特征,用长线把对象概括为简单的几何形。注意对象各个局部的比例关系(图 2-53)。

步骤二:外形确定

将观察对象的形体进一步细分为若干小的几何形,以确定外形。需注意的是,这一步同样不能进入细节的刻画,应以大的外形特征为观察重点(图 2-54)。

步骤三:形体块面与结构

仔细观察对象的形体变化,尽量准确地描绘对象的特征细节。粗略地画出对象的转折交界线和明暗交界线(图 2-55)。

图 2-53　外形概括

图 2-54　外形确定

图 2-55　形体块面与结构

图 2-56　整体黑白灰大关系

图 2-57　作品完成

步骤四:整体黑白灰大关系

画出对象大的黑白灰关系,强调明暗两面的黑白对比。粗略地表现对象的大体积感和空间感(2-56)。

步骤五:完善"五大调",深入刻画

仔细深入刻画对象的形体变化、光影、质感等细节,充分表现对象的空间立体感,完成作品(2-57)。

第三节　表现形式

一、全因素素描

全因素素描是指在素描写生过程中,画面各个因素都得到相对充分表现的一种素描表现形式,如光影、结构、空间感、质感等。这种素描表现形式力求最大程度地还原对象的真实空间感和质地感,给人一种以假乱真的错觉(图2-58)。

图2-58　全因素素描

二、结构素描

结构素描是指在写生过程中,创作者主观强调素描造型的结构关系,把写生对象的结构关系作为一种绘画形式语言单纯提取出来进行研究,同时减弱甚至忽略其他绘画因素。这种表现形式因过于强调物体的结构组合关系和形体转折关系,可能会削弱画面的真实感,但它是一种有效理解对象形体和塑造画面空间的训练方法(图2-59)。

图2-59　结构素描

图2-60　表现性素描

三、表现性素描

表现性素描突破了传统的素描绘画原则,不以描摹和再现写生对象为目的,不遵循以视觉真实为衡量标准的绘画原理,而是注重展现创作者对写生客体的主观感受,以及对素描材料的材质美、画面的形式美的追求(图2-60)。这种素描方式体现了创作者对客体的个性化理解与表现,有助于培养学习者的创新思维和原创精神。

本章小结

　　素描是其他艺术形式(油画、国画、版画、雕塑、水彩、装饰画等)的基础,这已是不争的事实。从古至今,大部分艺术家在接触各种绘画之前,都曾进行过素描基本功的练习。就连文艺复兴时期的天才达·芬奇,也曾花费三年时间练习画鸡蛋,以此提升素描造型能力和观察能力。由此可见,素描的重要性不言而喻。

　　本章简要介绍了素描的基本术语、概念和基本规律。在素描基础知识中,外形与结构关系、比例关系、透视关系、明暗色调是学习和掌握素描的关键要素。外形与结构是对象的本质,而透视关系与明暗色调是塑造对象的辅助手段。只有在透彻理解物体体积和结构的基础上,通过透视关系和明暗色调强调对象的立体空间感,才能更好地进行素描创作。因此,初学者应当深刻理解本质与手段的关系,才能取得事半功倍的学习效果。

教学做合一

　　通过写生练习,强化结构决定色调与色调表现结构的认识。请深入思考在结构不变的情况下,怎样通过改变光影色调来强调物体的体积和空间。

　　1. 打形练习。

　　2. 结构素描练习。

　　3. 色调练习。

第三章

色彩

·目标与导读·

●了解：水粉、彩铅、油画棒这几种绘画材料的特性。

●理解：色彩基础知识。是否正确理解色彩基本知识，不仅决定了学生的色彩表现能力和绘画能力，而且也直接影响着学生对其他艺术形式的学习。

●掌握：调色、色调。学习绘画必须具备一定的调色能力，要求学生能根据有限的颜色调出自己喜欢的颜色；同时也要具备一定的画面色调控制能力，能主动地控制整体画面的色彩关系。

●应用：水粉画技法、油画棒技法、彩色铅笔技法。

　　我们生活在一个绚丽缤纷、五彩斑斓的世界中。在人类物质文明和精神文明发展的历程中，色彩始终焕发着神奇的魅力。从人类最早的绘画作品，到21世纪的现代广告、服装、建筑、家居设计等方面，色彩一直是人们最关注的视觉因素之一。我们的先人不仅凭借他们的智慧观察、发现、欣赏大自然的色彩，还通过长期的经验积累，不断深化和丰富着对色彩的认识。在此基础上，他们运用色彩创造出了一个更加美丽的世界。

第一节　概　　述

一、色彩概述

　　色彩在绘画中的运用可以追溯到大约一万八千年前的拉斯科洞窟的原始壁画，该洞窟位于现今西班牙和法国南部。那时的人们已经学会用天然的有色矿石，在石壁上描绘他们的图腾和用于进行原始宗教仪式的符号标志。希腊人曾用色彩给大理石雕塑涂上颜色，使其栩栩如生。尽管我们现在看到的希腊雕塑多为雪白的大理石，但在当时，它们色彩斑斓。罗马庞贝城虽然被维苏威火山灰掩埋近两千年，我们依然可以根据庞贝壁画推断，当时的艺术家已经能熟练运用色彩表现人物造型和空间。进入中世纪，色彩被大量地运用于宗教壁画和哥特式教堂的彩色玻璃窗。工业革命时期，科学技术推动光学发展，人们对色彩的认识进入了全新的时期。

　　人们在认识和运用色彩的过程中，使其有关色彩的知识逐渐体系化。借助人类独特的抽象思维能力，人们将纷繁复杂的色彩印象加以总结、分析揭示其规律，从而形成色彩理论和法则。

二、常用的色彩工具

（一）水粉颜料

　　水粉画是用水调和水粉颜料来作画的。水粉颜料与水彩画一样，都是以水作为媒介的。所以，水粉画也可以画出水彩画一样的酣畅淋漓的效果。但是，水粉画没有水彩画透明。水粉画与油画的共同特点是有一定的覆盖能力。但油画是以油来作为媒介的，色彩比较稳定，画面色彩在未干时与完全干透几乎没有变化；而水粉画由于是以水作为媒介的，色彩干湿前后变化很大。水粉画在湿润状态下，其颜色的饱和度和油画一样很高，而在干燥后，由于粉质的作用及颜色光泽度的降低，其饱和度大幅度下降。我们常用的水粉颜料通常包含18种颜色或24种颜色（图3-1）。

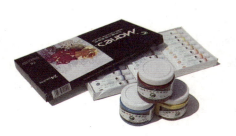

图 3-1　水粉颜料

图 3-2　水粉笔

(二)水粉笔

现在市场上流行的水粉笔(图 3-2)主要有三大类:羊毫、狼毫与尼龙毛笔。羊毫的特点是含水量较大、蘸色较多,优点是便于涂出大面积色彩,缺点是由于含水量太大,笔触容易浑浊,不太适合于细节刻画。狼毫的特点是含水量较少,比羊毫的弹性要好,适合于局部细节的刻画。尼龙毛笔是用工业合成的材料做的笔,弹性较好,但不耐用。在选择尼龙毛笔的时候,要特别注意它的质地,要软且具有弹性,切忌笔锋过硬。这是因为笔锋过硬往往很难蘸上颜料,使画面上下两层颜色互相混合,使覆盖力大为降低。

(三)调色板

任何用于调色的板面都可以称为调色板(图 3-3)。为了确保调色的准确性,我们通常会选用白色的梅花塑料板为调色板。

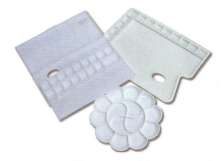

图 3-3　调色板

图 3-4　调色盒

(四)调色盒

调色盒(图 3-4)主要用于装填作画时使用的未经调和的颜料。它一般为白色塑料材质制成的长方形盒子,内分 24 个小格或 36 个小格。调色盒的盖子也可以当调色盒用。

(五)水桶

水粉颜料以水为媒介,所以作画时必须用水。水桶(图 3-5)的功能主要是用来盛水,同时也可以用来洗笔。

图3-5 水桶

图3-6 吸水毛巾

(六)吸水毛巾

我们用的水粉笔大都有较强的吸水能力,每次洗完笔后再进行调色时,由于水分过多会使颜色稀薄而丧失覆盖力,因此需要用毛巾(图3-6)吸干水分,再进行调色。毛巾的材质没有特殊要求,只要有较强的吸水力就好,如普通的旧毛巾、旧衣物等。

(七)水粉纸

图3-7 水粉(水彩)纸

水粉纸也被称为水彩纸(图3-7),与素描纸相比,其表面比较粗糙,有明显的凹凸的纹理。市面上的水粉纸有八开、四开、半开和全开等各种尺寸规格,厚度也各有不同。初学者可以根据自己的喜好进行选择。

第二节 色彩基础知识

一、色彩三要素

色彩具有三个基本特性:色相、纯度(饱和度)、明度。在色彩学上,将这三个特性称为色彩三要素或色彩的三属性。一种颜色之所以能与其他颜色相区别,就是因为各种颜色具有不同的特征,而决定颜色特征的就是色彩三要素。

(一)色相

所谓色相,即色彩的相貌。色相是指能够确切地表示某种具体颜色的名称,是各种颜色的首要特征,如大红、橘黄、土黄、钴蓝、翠绿等。

(二)纯度(饱和度)

色彩的纯度是指色彩的纯净程度。一般来说,未经调和过的色彩纯度较高。当一种颜色掺入其他色彩时,纯度就会发生变化:掺入的色彩种类越多,色彩的纯度也越低,颜色也越显浑浊。光谱中的各种单色光是最纯的颜色,具有极限纯度。

　　一种颜色的纯度与明度有着密不可分的联系。当一种颜色调入白色或黑色时,这种颜色不仅明度发生了变化,纯度也会随之变化。因此,白色和黑色也可以说是一种"灰"色(白色是极浅的灰色,而黑色是极深的灰色)。调入白色时,色彩的明度提高,纯度降低(图3-8);调入黑色时,色彩明度降低,纯度也降低(图3-9)。

图3-8　纯度变化1　　　　　　　　　　　图3-9　纯度变化2

(三)明度

　　明度是指色彩的明亮程度。首先,同一种颜色由于受光程度不同,会产生不同的明度变化。同一种颜色加入的黑色、白色的分量不同,其明度也会发生相应的变化。其次,不同的颜色有不同的明度。我们可以把红、橙、黄、绿、青、蓝、紫七种颜色并列排放在一起,然后用

图3-10　色彩明度

相机拍出它们的黑白照片,就可以清楚地看到它们相互之间明暗程度的变化:黄色明度最高,相当于浅灰色;橙、绿、红、青、蓝的明度依次降低,而紫色则相当于较黑的暗灰色。实验证明,黄色明度最高,蓝紫色明度最低(图3-10)。

　　了解色彩除了有色相的区别,还有明度上的区别是非常重要的。这是因为我们要想真实地表现对象的立体感、空间感和质感,就必须表现对象的光和色。物体之间色彩的差别形成了画面的色彩关系;而光使物体有了明暗色调的变化。

　　综上,色彩的色相、纯度和明度互相联系、不可分割。在写生和创造过程中,我们必须同时考虑这三个要素。

二、色彩的冷暖属性

　　其实,色彩本身并没有物理上的真实温度差异。所谓的冷暖差别是由于各种色彩会引发人们不同的心理联想,从而在心理上产生冷暖的感觉。因此,色彩被分为冷色系和暖色系两大类。

　　当我们看到红色、橙色、黄色等颜色时,就会联想到太阳、火焰,产生温暖、热烈的感觉(图3-11)。

图3-11　暖色系

　　而当我们看到蓝色、紫色、绿色等颜色时,则联想到冰雪、海洋,产生寒冷、平静的感觉(图3-12)。

图 3-12　冷色系

然而,色彩的冷暖属性并非绝对的,而是相对的。只有把不同的两种颜色放在一起对比时,才能判断色彩的冷暖(图 3-13)。例如,当红色与黄色对比时,黄色相对于红色便是冷色;当绿色与蓝色对比时,绿色相对于蓝色便是暖色。所以一种颜色的冷暖性质需根据参照的色彩来确定,但不能绝对化。

把复杂的色彩关系分成冷色系和暖色系,这对于观察、理解和表现色彩具有重要的意义。冷暖色系相互对立、相互依存,是色彩规律中的关键要素之一。

图 3-13　暖色调与冷色调

第三节　色彩基本概念

一、对比色与互补色

对比色是由我们的视觉感官所产生的一种色彩的平衡作用产生的。当我们长时间注视一块红色,然后闭上眼睛时,眼前会出现绿色的影像。这就是视觉感官的平衡作用。

在十二色相环中,相距 120 度到 180 度之间的两种颜色,被称为对比色(图 3-14)。在色相环中,每一个颜色与对面(180 度对角)的颜色,被称为互补色(图 3-15),也是对比最强的色彩组合。将对比色或互补色放在一起,会给人强烈的视觉冲突,使双方比单独看时更鲜艳、更强烈,这种不和谐的排斥感是色彩对比的一种典型效果。也就是说,如果把红色和绿色并列放在一起,会使红色更红,绿色更绿;而把两种对比色混合在一起,便会调出浑浊的颜色。

图 3-14　十二色相环

图 3-15　互补色

二、固有色

固有色是指在排除环境因素影响的情况下,物体自身所呈现出来的颜色。通常情况下,把物体置于白色阳光下,可最大程度地呈现出物体的固有颜色。在现实生活中,很难客观而精确地界定一件物品的固有色,因为它或多或少地受到光源、环境和个人视觉生理因素的影响。当我们说"那位男孩身着一件蓝色上衣"时,其实我们看到的蓝色已经受到阳光、路面、以及男孩旁边的建筑、植物等环境的影响。如果男孩旁边还有一位撑着红伞的少女,那么我们看到的蓝色就已经大大失真了。

在绘画过程中,对固有色的把握主要是指能准确地把握物体的色相。一般来说,物体受光面与背光面都不能准确地呈现物体的固有色,这两个部位都有可能因为光线过亮或过暗,从而使物体的固有色失真。只有受光面与背光面之间的中间区域,才是固有色最明显的地方。在这个区域内,物体受到外部环境色彩的影响较少,最接近物体本身的固有色,而且该区域内的色彩纯度会比其他区域较高。

三、环境色

生活中有许多的物品,当我们看到它时,不仅是看到物品本身的固有色,还会看到物品所处的环境对物品固有色的影响。一个物体在光的照射下,它的表面会吸收一定的光,同时,还有部分光被反射到周围的物体上。如果是表面光滑的物品,这种光的反射效应会更明显,如玻璃器皿和不锈钢器皿(图3-16)。由于生活中的一切事物都无法独立于环境而所在,所以每件物品都不可避免地受到环境的影响,同时也影响着环境。

图3-16　不锈钢器皿

在一件作品中,环境色能够使画面主体与环境自然融合,更好地表现空间和物体的质感;同时,环境色还能使画面色彩相互呼应和联系,从而使画面色彩更加丰富。

第四节　色彩规律练习

一、调色练习

(一)原色

原色又称为第一次色,或称为基色。原色有三种:大红、柠檬黄、钴蓝。原色的色纯度最高,也最纯净、最鲜艳。三原色是不能通过其他的有色材料混拼而成的颜色,但是根据这三种颜色不同比例的组合,几乎可以调出所有的颜色。因此,三原色也叫基色(图3-17至图3-19)。

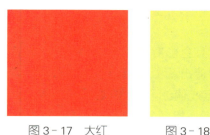

图3-17　大红　　　　　图3-18　柠檬黄　　　　图3-19　钴蓝

（二）间色

任意两个原色相混合所得的新颜色，可称为间色。我们把三原色中的红色与黄色等量调配就可以得出橙色；把红色与蓝色等量调配得出紫色；而黄色与蓝色等量调配则可以得出绿色（图3-20至图3-22）。任意两种原色等量相加可产生标准的橙、绿、紫。但三种原色混合的比例不同，间色也会随之发生变化。

图3-20　红+黄＝橙　　　图3-21　红+蓝＝紫　　　图3-22　黄+蓝＝绿

（三）复色

用原色与间色相调或用间色与间色相调而成的"三次色"称为复色。复色可能是由三种原色按照各自不同的比例组合而成的，如红＋橙＝红橙，黄＋绿＝黄绿，蓝＋紫＝蓝紫。复色也可能是由任意两种间色相混合而成的，如橙＋绿＝黄灰，橙＋紫＝红灰，绿＋紫＝蓝灰。两种间色等量相加得出标准复色，而两种间色混合比例不同可产生许多纯度不同的复色。在饱和度上，原色最高，间色次之，复色最低。

复色是最丰富的色彩家族，千变万化，丰富异常。可以说，复色包括了除原色和间色以外的所有颜色。

练一练

课堂练习：

练习内容：复色、间色辨认练习。

练习要求：了解复色、间色的调配规律。

课外练习：

练习内容：复色、间色调色练习。

练习要求：完成复色、间色调色练习各一张。

二、色调练习

在写生时,我们面对的写生对象纷繁复杂,且色彩对比杂乱无序。为了画出和谐优美的色彩,我们必须主观地调整画面的色彩关系,营造出统一和谐的色调。虽然一幅绘画作品会使用多种颜色,但总体上会有一种倾向,是偏蓝或偏红,还是偏暖或偏冷等。而色调正是画面整体色彩对比关系的衡量标准。因此,色调不是指颜色的性质,而是对一幅绘画作品的整体颜色的概括评价,是一幅作品色彩外观的基本倾向。

在日常的生活中,我们常常有这样的经历:当我们站在山顶或者楼顶,面对夕阳,晚霞将我们眼前的一切景象都镀上了一层金色。不管它们原来是什么固有色,此时它们的色彩都会统一偏向金黄色。这种使不同颜色的物体笼罩上某一种色彩的现象,就是我们所说的色调。

如果想定义一件作品的整体色调,就要看作品整体色彩在色相、明度、纯度、冷暖四要素中,哪一种因素起主导作用,我们就称这件作品为某种色调。如上文说到的夕阳和晚霞,我们就可以称为黄色调或暖色调(图3-23)。如果是在白雪皑皑的冬天或者千里冰封的北国,我们就可以称为白色调或冷色调(图3-24)。回想童年时我们向往的夏天,阳光明媚、蓝天白云,这时画面是多么活泼明亮(图3-25)。当我们要表现神秘而无限宽广的宇宙夜空或者深夜老师在灯下呕心沥血的背影等内容时,选用暗色调最能表达深沉、神秘、广博、深邃的思想感情(图3-26)。我国的南方四季如春:阳春三月,春雨染绿了希望的田野;六月,骄阳似火,在丝丝翠柳下,亭亭玉立的荷花、团团的荷叶;哪怕在一年中最严寒的三九天,南国依然满眼绿色。此时,选择绿色调最能表现生机盎然的南国大地(图3-27)。

图3-23　暖色调作品

图3-24　冷色调作品

图3-25　亮色调作品

图3-26　暗色调作品

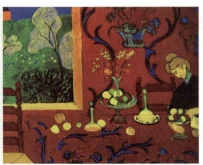
图3-27　绿色调作品

和谐的色调要求画面中各色块的颜色搭配要协调，画面中的色彩既要富有变化也要统一于整体的色彩倾向。这就要求创作者必须主动调整色块纯度、冷暖、明度以及色块面积比例，并主观地处理画面中不协调的色彩因素（图 3-28 至图 3-33）。

暖调中冷色的处理：暖色分割冷色块，冷色提高明度、降低纯度，暖色占较大面积（图 3-28）。

冷调中暖色的处理：冷色占面积优势，决定着整体色调；小面积暖色，可使冷色更闪亮（图 3-29）。

纯调中灰色的处理：画面背景是高纯度的蓝色，画面主体是灰黄色，这两种对比色的巧妙运用，降低了黄色的纯度，使画面更和谐，同时使背景蓝色更显闪亮（图 3-30）。

灰调中纯色的处理：纯色分量少，背景的灰紫色与主体的纯蓝色不属于互补色关系，因此画面比较协调（图 3-31）。

图 3-28　暖调中冷色的处理

图 3-29　冷调中暖色的处理

图 3-30　纯调中灰色的处理

图 3-31　灰调中纯色的处理

暗调中亮色的处理:暗色块包围亮色,使画面对比强烈,同时亮色块和暗色块的冷暖对比被减弱。特别要注意,黑白色块在画面中的平衡处理(图3-32)。

亮调中暗色的处理:亮色包围暗色,使亮色分外灿烂耀眼。亮色调中暗色块的出现,使画面层次丰富,同时也衬托出亮色的张力(图3-33)。

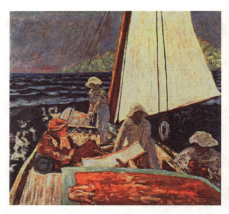 

图3-32 暗调中亮色的处理　　　　图3-33 亮调中暗色的处理

· 练一练 ·

课堂练习:

练习内容:名作色调分析。

练习要求:了解名作中各种色调的处理方法和原则。

课外练习:

练习内容:自选大师名作若干幅,进行色调临摹练习。

练习要求:掌握各种色调中对比色的处理方法。

 阅读与拓展

《中国色彩史十讲》

作者:肖世孟

出版社:中华书局

简介:一部中国古代色彩史即是一部浓缩的中国古代文化史。色彩塑造了中国人的生活世界,也成为中国文化的外在表征。在中国古代社会中,大到与神明的沟通、王朝的更替、社会的管理,小到个人命运、审美偏好,无一不受到色彩的影响。本书从十个专题出发,以历史为序,将色彩作为一个系统的文化整体,在文献史料和美术图像的互证中,介绍古代色彩背后丰富的历史文化内容。

《色彩构成》

作者：共春英

出版社：清华大学出版社

简介：本书基于"体系化、立体化"的教学理念，以"注重基础、多维立体"为核心，以精品课程建设为基础，构建优质教学资源共建共享、开放立体的教材应用模式。本书既强调本学科的基础理论、基本知识和基本技能技巧，又注意在理论和实践结合上开拓创新，激发、培养学生的创新能力。

《色彩归纳写生》

作者：安佳 赵云川

出版社：人民美术出版社

简介：本书是一本学习和探索从色彩写生走向色彩设计和色彩创作的书。本书强化了绘画写生与艺术设计的内在联系，不仅注重掌握装饰造型的方法和技巧，更注重培养学生的创造性思维能力。

第五节　色 彩 心 理

色彩对人的性格、情绪有明显的影响，已经是不争的事实了。早在19世纪中叶之后，心理学的发展逐渐从哲学转入科学的范畴。与此同时，心理学家开始试图通过实验来验证色彩对人的心理的影响效果。心理学家发现，人若处在一个被红色环绕的环境中，其情绪比较兴奋；若处在蓝色环境中，其情绪比较平静。还有科学家发现，红色使人警觉，蓝色使人放松。此外，色彩的冷暖属性也是依据人的心理反应对色彩所进行的物理性分类。

色彩对人们内心的影响，因地域、文化、历史、民族、风俗习惯等因素的不同而有所差别，从而使世界各地区、各民族对色彩形成了自己独特的理解。例如，在西方，人们的婚礼以黑色与白色象征婚礼的庄重严肃和纯洁的爱情；而在中国，婚礼多用红色营造欢乐喜庆的气氛。因此，以下有关各种色彩心理的描述，有可能与某些地区或民族的理解有偏差，这是不可避免的。

一、黑色

很多人认为黑色（图3-34）不算色彩，但许多画家都运用黑色进行创作。黑色象征死亡、黑暗、恐怖，可营造悲观消极的气氛，也象征

图3-34　黑色

着权威、执着、冷漠、防御。画面大量使用黑色使人产生压抑、沉闷的感受。

在中国民间传统艺术作品中,如中国年画、凤翔泥塑等,黑色起到了极其重要的作用。黑色能使画面鲜艳、浓烈的色彩关系得到恰到好处的协调,使作品的色彩看起来既绚烂活泼又协调沉稳。

二、白色

在我们的日常生活中,白色很难被归为色彩的范畴。当我们面对一张空白的画布时,任何人都会说画面没有任何色彩。但是如果缺少白色,那么我们现在看到的许多伟大作品的色彩都将会大打折扣。

在西方,白色象征光明、纯洁优雅;但在中国传统文化中,有时白色是枯竭而无血色、无生命的表现,象征死亡、凶兆。在绘画中,白色可以协调画面,使画面明度提高。在绘画过程中添加白色进行调色,可调出丰富而变化微妙的色彩。

三、蓝色

蓝色(图3-35)是三原色之一,是极冷的色彩。蓝色常常使人感觉到静谧、幽深、清廉,也可以使人产生悲伤、寂寞的感觉。蓝色象征着忠诚、权威、务实。在绘画中,如果蓝色应用得不恰当,会给人呆板、没创意、缺乏趣味的印象。

图3-35　蓝色

四、褐色(咖啡色系)

褐色(图3-36)是处于红色和黄色之间的一种颜色,其明度较暗淡,纯度较低。褐色也称为棕色、赭色、咖啡色等。它可以用少量红色和绿色、橙色和蓝色、黄色和紫色调和而成。

褐色给人以随和、平易近人、亲切、低调等感觉,可以使人情绪稳定、安定。当然,它有时也会让人感到沉闷、缺乏活力。

图3-36　褐色

五、红色

红色(图3-37)是生活中被广泛应用的颜色之一。例如,在阅读时,人们常常用红笔为便于划出重要的要点以便于记忆;老师批改作业时也会用红笔;路上的警示标语也常常使用红色。这是因为红色最容易引起人们的注意。在中国,红色表示喜庆,比如婚礼和春节都喜欢用红色来装饰。

红色象征着热情、性感、自信、高调、引人注目,但也会给人血腥、危险、暴力、忌妒、恐怖的感觉,造成人心理上的压抑、紧张。

图3-37　红色

六、粉红色

粉红色(图3-38)是一种明度较高而纯度较低的淡红色,可由红色加入白色混合而成。粉红色会给人一种可爱、浪漫的感觉。它是一种很素雅的颜色,富有幻想色彩。

粉红色可使浮躁的心得到安抚,化解不安的心情和紧张气氛。它象征着温柔、闲散、甜美。

图3-38 粉红色

七、橙色

橙色(图3-39)被视为金碧辉煌的色彩,它在所有暖色中显得尤为温暖。

橙色容易让人联想到丰收的快乐,给人带来幸福、甜美之感,同时也展现出热烈与活泼的特质。橙色能传递出庄严、尊贵、奢华的氛围,也会给人以热心、坦率、亲切、开朗的印象。

图3-39 橙色

八、黄色

黄色(图3-40)是明度最高的颜色,给人轻快、光明、富裕、充满希望和活力的印象。然而,由于黄色过于明亮,也会使人产生低级、衰败、轻薄或过于张扬等感觉。

黄色的明度容易刺激大脑和视觉,可能使人焦虑。它具有提醒、警告的效果,适合用于热闹欢快的场合。

图3-40 黄色

九、绿色

绿色(图3-41)既不属于冷色,也不属于暖色,而是属于居中的颜色。它代表希望、安全、平静、清新、舒适。色彩心理学家早就指出,在充满绿色的环境中会使人产生平静的感觉。当情绪低落与消极时,绿色能让我们的内心得到舒缓,使我们的情绪积极;而在红色和黄色的环境中,则会使人容易兴奋和激动。

绿色象征着和平、舒适、清新、活力、快乐,以及隐藏、被动。

图3-41 绿色

十、紫色

紫色(图3-42)是用三原色中的红色与蓝色调和而成的。紫色象征着高贵、神秘、忧郁,又代表着权威、优雅。在中国素有"紫气东来"的说法,如北京故宫以前被称为"紫禁城"。

紫色给人以神秘、压迫、恐怖之感,同时也可能引发高傲、矫揉造作或轻佻等联想。

图3-42 紫色

第六节　色彩归纳训练

色彩归纳是以色彩原理为基础,对客观物象的色彩进行主观提炼与概括的艺术处理方法。色彩归纳是绘画教学系统之中重要的一个环节,它可训练我们的色彩感觉、理性思维方式以及处理色调的能力。

一、静物色彩归纳的基本原理

在准确把握其色彩关系的前提下,应以有限的颜色去表达丰富的色彩变化,对丰富微妙的色彩、层次进行归纳或限定。这包括对明暗素描关系的概括和色彩冷暖的归纳。具体来说,对每一个单体的物象,首先确定亮、灰、暗等区阶的明暗或色彩。然后,在每个区阶内,将丰富的色彩层次概括为一个整体的色彩。例如,物象的色彩的明度差若为九级(其中 1 为最暗,9 为最亮),则包含从 1 到 9 的丰富层次。在绘画中,我们只需用 1、5、9 三个级别来表现九级关系。这种提炼方法可使形象主体更突出,增强色彩的表现力和感染力。

(一)明暗关系归纳

参照物象在光照下产生"三大面""五调子"的明暗变化规律,根据需要把对物象丰富的明暗变化采用减法进行归纳(图 3-43)。

　　　　图 3-43　明暗关系归纳　　　　　　　图 3-44　色彩冷暖的归纳

(二)色彩冷暖的归纳

将对物象繁杂的明暗和色彩关系加以归纳梳理,强调亮面暗面的冷暖对比,再用 3 到 5 个层次表现出来。这些色彩层次的明度变化应与明暗关系的归纳相符(图 3-44)。

二、静物色彩归纳的实践——以苹果的画法为例

步骤一:仔细观察苹果的外形特征及三大面关系,画出苹果的外形、投影。运用"三大面""五调子"规律,用线条概括出苹果的几大块面的范围(图3-45)。

步骤二:从苹果的暗面开始画,使用重色以凸显画面的黑白灰对比,增强画面张力(图3-46)。

步骤三:根据所观察到的苹果的"三大面""五调子"规律,逐一画出苹果从最暗到最亮的色彩变化(图3-47)。

步骤四:为使主体突出,背景色应与主体形成对比,但需降低背景纯度以保持和谐(图3-48)。

图3-45 概括块面　　图3-46 暗面着色　　图3-47 色彩明暗　　图3-48 背景与主体
　　　　　　　　　　　　　　　　　　　　　　　冷暖关系　　　　　　色彩和谐

案例　静物组合写生练习

步骤一:整体观察对象选定构图,仔细观察各个物体的外形特征及比例关系,画出各个物体的外形,用线条概括出大块面的范围(图3-49)。

图3-49 构图　　　　　　　　　　图3-50 整体铺色

步骤二:整体入手,从暗面开始画,同时画出衬布的布纹暗面。此时根据整体色调

的需要,注意画面主体和衬布的色彩对比关系,明确主体和环境的色彩倾向,初步确定整体画面的色调倾向(图3-50)。

步骤三:根据观察逐一概括出各个物体从最暗到最亮的色彩变化。此时陶罐的体积和衬布的空间关系已经大概明确,从整体深入刻画,强调环境色(图3-51)。

步骤四:深入刻画衬布的布纹,强调衬布上的条纹,适当调整画面冷色块的纯度、明度以及面积。用较细的黑线勾画主体的轮廓,使画面装饰感更强(图3-52)。

图3-51　概括色彩变化

图3-52　深入刻画,完成作品

 阅读与拓展

《色彩归纳教程》

作者:朱旗　王贤培

出版社:苏州大学出版社

简介:本书借鉴了古今中外色彩归纳的各种形式、风格及理念,可开阔学生的眼界,启发其思路,提高其审美能力。书中有明确的写生归纳实例,并附有实景的原型照片,同时还提供了许多学生作品供参考。本书还特别弥补了以往教材范画中风景色彩归纳图例的不足之处,不仅充实了风景色彩归纳教学内容,还编入了大量的风景图例,使其更具实用性。

《色彩归纳写生》

作者:孙为平

出版社:北京工艺美术出版社

简介:本书力图避免课程内容的专一性和表现形式的模式化。以同一自然物象为参照物,本书设定了写实性归纳、平面性归纳和意象性归纳三个课题,循序渐进,逐一展开。在对色彩的客观性概括中,本书从尊重其体积感和空间关系入手,到淡化体积感和空间关系,由此做出平面化的艺术表现,进而转入画面主观的自由表现及其形式风格的独特追求。这种客观性概括带来造型观念的转变、创新意念的不断萌生、创造性思维的运用以及更高层面对美学取向的追求,对于专业学习和今后的设计来说都是至关重要的。

本章小结

色彩运用,相较于素描更为自由,不必像素描那样强调严谨的形体和空间,即使缺乏形体空间,色彩本身也能吸引观众。

本章结合学前教育专业学生的专业特点和就业需求,简要介绍了色彩的基本常识和规律。其中,调色能力和画面色调控制能力是我们学习的重点目标。

教学做合一

思考:色彩归纳练习与素描的黑白灰色调练习,有何内在的联系和区别;色彩归纳塑造对象的形体空间的规律与素描相比,最大的不同体现在哪些方面。

练习:先用水粉材料进行黑白色调归纳的静物写生练习,再进行色彩归纳练习。

第四章

线描画

·目标与导读·

●了解：线描的发展历史。通过观赏艺术大师们运用这种艺术表现形式的作品，学习如何欣赏线描画独特的艺术魅力。

●理解：线描是如何利用线条进行艺术表达的。

●掌握：通过写生及创作练习，熟悉并掌握不同线条的特点及线条的表现规律。

●应用：学会用线条表现绘画对象，能够将线描与后期学习相结合。

线描是美术学习的重要内容,旨在培养学生对于线条的感知能力以及对所画对象进行平面化表现的能力。本章从线描画的发展历史入手,主要介绍线描表现形式、基本工具材料、线描写生与创作等内容。在一些章节中设置了针对性的练习,并穿插了大量中外优秀线描作品以辅助说明。这些线条绘画练习可帮助学生掌握最基本的线描画技法,提升审美能力与实际运用能力,并为后期学习奠定坚实基础。

第一节　概　　述

线描又称白描,即用单纯的线条来描绘事物。在线描中,由线条制造出各种变化,如长与短、粗与细、曲与直、疏与密、轻与重、刚与柔等。用线描方式来描绘事物,不仅可以勾画静态的轮廓、表现动态的韵律,还可以用线与空白谱写出一支和谐流动的"线的协奏曲"。线描是人类最古老最原始的绘画方式,自古以来一直都是艺术家们常用的绘画手段。在世界各地,儿童也在运用这种简单的绘画方式来表达自己的主观想象,这不但可以让他们从小养成观察分析事物的良好习惯,也使他们在感知能力方面得到一定的培养。儿童在线描画艺术中,可以舒展自己的内心意欲和情感,陶冶情操,健全人格。

儿童线描画有着独特的视觉效果,符合儿童的身心特征,是儿童美术教育中的重要组成部分。儿童通过运用简单的线条,能创造出丰富多彩的画面,表达其对美的感受。可见,线描是最直接、最简单、最适合儿童的绘画方式。线描练习对于培养儿童的动手动脑能力、记忆能力、想象能力和创新能力都具有重要作用。

第二节　线描画的发展

中国绘画源远流长,具有悠久的历史。线描艺术是绘画的基本要素之一,它的起源可以追溯到远古时期。原始人类的岩彩画、彩陶纹样,古代的瓶画、壁画、帛画等,大多是以线为主要的造型手段。战国时楚国的《人物御龙帛画》(图4-1)、东晋顾恺之的《洛神赋》(图4-2)与《女史箴图》都是很好的代表,其线条均匀细致,富于韵律感。到了唐代,随着政治、经济、文化的发展,我国的绘画艺术也得到了全面的发展。在这个时期,艺术家们吸收了一些外来民族中的绘画元素并将其运用到自己的画中,从而使这一时期的线描表现力更加丰富多样。如阎立本的《历代帝王图》(图4-3)、张萱的《捣练图》(图4-4),通过运用浑厚圆滑的线条描绘了当时不同人物的情态、仪容和性格。到了两宋时期,线描艺术仍然处于蓬勃发展的状态。其中,北宋以李公麟为代表,线条流畅奔放,遒劲有力,代表作《五马图》(图4-5);南宋时期画家的梁楷在线条用笔上则以浑厚干练为主,如《泼墨仙人图》(图4-6)。元、明、清这三个时期,线描艺术发展停滞,仍然保持因循守旧的技法。随着时代与社会的发展,到了 20 世纪 80 年代至 21 世纪初,中国的线描艺术呈现了复兴的趋势。艺术家们创作出大量的线描艺术作品,既传承了中国画传统的白描艺术,又结合世界各国线描艺术之特长,创造出了新颖的线描艺术作品(图 4-7、图 4-8)。

图 4-1 《人物御龙帛画》

图 4-2 《洛神赋》

图 4-3 《历代帝王图》

图 4-4 《捣练图》

图 4-5 《五马图》

图 4-6 《泼墨仙人图》

图 4-7 线描 1

图 4-8 线描 2

第三节　线的观察和表现力

一、观察

线描画可以随时随地进行,既可对物象进行简洁概括的速写,也可以细致入微地刻画;既是一种造型训练,也可以作为表达情感的表现方式。想要画好线描,首先要学会观察,从观察生活中的线开始。

(一)线状的物体

线状的物体有:头发、绳子、毛线、电线、蜘蛛网、树桩的年轮、水的漩涡、树藤、面条、五线谱、铁轨、弹簧等(图4-9至图4-11)。

(二)依附于物体的线

在观察物体时,我们会看到各种"线条",比如门框、叶子与花的边沿、城墙等轮廓线(图4-12、图4-13),以及物体结构变化处的边缘线,如布纹褶皱、耳廓上的凹凸等(图4-14、图4-15)。

图4-9　电线

图4-10　毛线

图4-11　面条

图4-12　叶子与花

图4-13　城墙

图4-14　布纹

图4-15　耳朵

(三)"线"其实无处不在,但需要通过观察总结来发现

在观察过程中,我们应有目的地去寻找和研究观察对象的生长规律、组织结构规律,理解其中包含的线条的走向、组合方式。同时,要找出构成物象体积的线条,并从多角度对所

描绘的对象进行观察和分析。通过比较不同物体,找出它们的共性与差异,从而掌握线条出现的基本规律。

• 练一练 •

课堂练习:

先仔细观察右边足球图片,然后进行绘画(图4-16)。观察时需注意思考,可以看到多少个面,其中多少个面是黑色的,多少个面是白色的。画好之后,再与图片进行对比,看一看有哪些地方是忽略了或画错的?

图4-16　足球

二、线的表现力

保罗·克利曾说过,一根线条可以成为一幅画中的重要因素之一。线条可以有它自己的一种生命、一种表现力及一种特征。

(一)线条的种类和表现力

图4-17　各类线条

线的种类大体可分直线和曲线两类。直线有垂直线、水平线、斜线、折线等;曲线有弧线、波浪线、螺旋线等(图4-17)。垂直线适合表现物体坚硬平滑的质感。水平线具有平和、安定、静止的感觉。斜线则具有变化、运动、紧张和不安的感觉。就曲线而言,规则的曲线使人感到明朗、整洁、圆滑、有序;而自由的曲线则显得活泼、柔美、生动、柔和。从一幅好的线描作品中,我们可以看到创作者如何运用线的疏密、是非、曲直排列变化来表现对象。

(二)绘画作品中的线条表现力

吴冠中的作品(图4-18)中,他运用折线表现出山石的嶙峋曲折,画面底部的自由曲线则表现出江水的缓缓流动,两种线条形成了鲜明的质感对比。在另一作品(图4-19)中,密集的高楼和广告牌构成城市繁华的图景,大量运用垂直和水平线,体现出这座城市繁忙而有序的节奏感。

图4-20是梵高的速写作品,采用分组的曲线表现收割的作物,杂乱里有秩序;用短斜线表示田地里的残留,形成不同质感的对比。整幅作品所用线条密集而蕴含动感,生机勃勃。

为了进一步感受线条的表现力,创作者可以选择一些笔触明确的油画,如梵高的作品

《星空》(图4-21),进行临摹练习。图4-22是创作者在刮画纸上的线条练习,临摹《星空》却产生了意想不到的效果。

图4-18 吴冠中的作品1

图4-19 吴冠中的作品2

图4-20 梵高的速写作品

图4-21 梵高《星空》

图4-22 《星空》临摹

• 试一试 •

从下面名家作品中选取5张进行临摹(图4-23至图4-32)。

要求:

通过练习体会线条的表现力,抓住线条特点。不需要太执着与原作的相似性。工具不限,篇幅A4纸。

图4-23

图4-24

图4-25

图4-26　　　　　　图4-27　　　　　　图4-28　　　　　　图4-29

图4-30　　　　　　图4-31　　　　　　图4-32

第四节　线描画的基本工具

图4-33　线描画工具

适合线描的工具有很多种,使用不同的工具材料会产生不同的画面艺术效果。常用的工具有铅笔、炭笔、炭精条、钢笔、签字笔、记号笔等(图4-33)。

在儿童绘画初期,孩子们的小手对于笔的掌握还不熟练。因此,除了需要注意绘画工具的安全性,还应选用易上色、可水洗的笔或颜料。通过不同工具的线描训练,不仅可以使儿童熟悉绘画工具及材料的使用方法,还能提高儿童的手指协调能力。因此,学前教育专业的学生在练习过程中,需要熟悉掌握这些工具和材料的特性,这不仅有助于他们后续的美术学习,也为今后从事学前教育工作打下基础。

第五节　线描画的基本技法

在我们生活的自然界中，只要是看得到的物象，都可以用线条加以描绘。例如，五彩艳丽的花海、奇思妙想的世界、繁星点点的夜空等，这些都能借助各种线条的排列组合，呈现为美好的画面。不同线条的组合可以营造出不同的视觉效果，如长与短、粗与细、曲与直、浓与淡、疏与密等。中国古代绘画中对人物服饰衣纹描法的总结——"十八描法"，便充分体现了线描艺术技法的多样性。

儿童线描画的教学需根据儿童的年龄特征，本着可操作的原则，遵循从简单到复杂、从临摹到想象的教学过程。对于不同年龄阶段的儿童，应引导他们运用不同的技法来表现。绘画时，对年龄较小的儿童，应以临摹的形式引导，用单纯的线条勾勒出物象的外轮廓及少许细节；对年龄适中的儿童，开始引导他们学会观察事物，临摹与写生交叉进行，培养其观察力、记忆力和创造力；对年龄稍大的儿童，注重发掘他们的创造潜能，在观察力、记忆力的基础上培养他们的想象力和创造力，使画面中的事物可以在他们的笔下更加生动活泼、美观大方。

一、单线表现

在绘画中，线条作为最基础、最便捷的表现形式，可以轻松勾勒物象。首先，要抓住物象的关键特征，用单纯的线条进行骨架和轮廓的归纳，然后再添加一些细节，就可以把物象描绘得惟妙惟肖。线条的运用方式多样，既可以用铁线描的描法，从头到尾都用一种均匀、饱满的线条；也可以用粗细有变化的线条，在转折处强调变化，使物象看起来有立体感，从而使画面的主题更加生动活泼（图4-34、图4-35）。

图4-34　和平鸽　　　　　　　　图4-35　线描画

二、点线表现

线条在画面中的出现，不仅能增加画面的元素，还可以使画面更有层次感。线可分为长线、短线、虚线、直线、曲线等。在画面中,单纯的线条可以快速地描绘出物象的特征。而线条的表现可以通过添加更多的线条装饰元素来实现。这些元素整齐有序地排列在一起,能够增加画面的层次感,使画面看起来更加丰富和有趣(图4-36、图4-37)。

图4-36 点线表现1　　　　　　　图4-37 点线表现2

三、点线面综合表现

在描绘物象的时候,我们不仅可以用线,也可以用点线面结合的方式表现物象。点在画面中有运动、活泼的感觉,线在画面中有方向性,点线面结合的方式能使整个画面层次丰富,显得更有活力(图4-38、图4-39)。

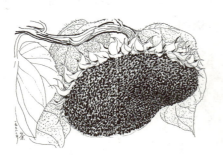 

图4-38 点线面综合表现1　　　　　图4-39 点线面综合表现2

第六节　线描画的基本步骤

一、发现线

在我们生活的空间里,许多事物都是由线条构成的。可以说,线条无处不在。线条的变化丰富多样,轻巧灵活。在视觉上,线条可以带来速度感、延伸感、不稳定感等多种感受。通过示例引导儿童,让他们对生活中的事物进行观察,这样有利于提高儿童的观察能力和归纳能力,如观察五线谱、树的年轮、蜘蛛网、电线等(图4-40、图4-41)。

图4-40 五线谱

图4-41 蜘蛛网

二、表现线

(一)单线表现

苹果:第一步用简单的线画一个苹果的外形,第二步画苹果的"小把子",第三步给小苹果画上一片或两片小叶子和叶脉,让它看起来更生动(图4-42)。

鱼:第一步画鱼的身子,用一个三角形来表现;第二步画鱼的尾巴和眼睛;第三步画鱼鳞,用波浪线来描绘一层一层的样子(图4-43)。

狮子:第一步画狮子的头,第二步画鬃毛,第三步画眼睛、鼻子和嘴巴,第四步画身体,第五步画手和脚,第六步画尾巴,一头狮子就画好了(图4-44)。

小车:第一步画车子的车型,第二步画轮胎,第三步画车头和车窗,第四步画车灯、雨刮、后视镜等,一辆小车就完成了(图4-45)。

踢足球的小男孩:第一步画小男孩的脸和耳朵,第二步画头发,第三步画眼睛、鼻子、嘴巴,第四步画上身,第五步画手和腿,第六步画足球服和足球鞋,第七步画足球,一个踢足球的小男孩就完成了(图4-46)。

图4-42 苹果

图4-43 鱼

图4-44　狮子　　　　　图4-45　小车　　　　　图4-46　踢足球的小男孩

(二) 点线表现

苦瓜:第一步画苦瓜的外形,第二步画苦瓜的纹路,第三步画苦瓜上面的疙瘩(图4-47)。

树:第一步画树干,第二步画树叶外形,第三步画树叶和果,第四步画树干的纹理(图4-48)。

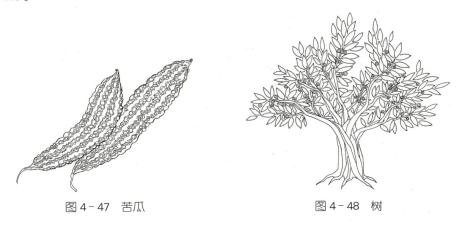

图4-47　苦瓜　　　　　　　　　　图4-48　树

鸭子:第一步画鸭子的头、身子,第二步画鸭子的脚,第三步画鸭子的嘴巴、眼睛,第四步画鸭子的羽毛(图4-49)。

向日葵:第一步画花芯,第二步画花瓣,第三步画枝干,第四步画叶子和叶脉,第五步画花芯和花瓣的细节(图4-50)。

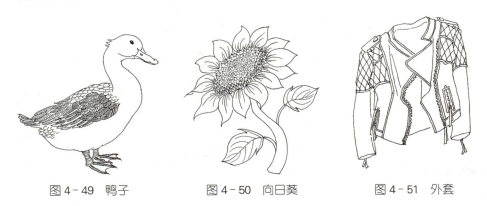

图4-49　鸭子　　　　图4-50　向日葵　　　　图4-51　外套

外套：第一步画外套的领子、肩膀和主体，第二步画外套的袖子，第三步画外套的细节、口袋和拉链（图4-51）。

（三）点线面综合表现

菠萝：第一步画菠萝的外形，第二步画菠萝的凸起，第三步画菠萝顶部的叶子（图4-52）。

长颈鹿：第一步画长颈鹿的身体，第二步画头部和腿，第三步画斑点，第四步画鬃毛、眼睛（图4-53）。

切开的辣椒：第一步画辣椒的形状，第二步画出辣椒的厚度，第三步画辣椒籽，第四步画辣椒的"小把子"（图4-54）。

蝴蝶：第一步画蝴蝶的头、身体，第二步画蝴蝶的翅膀、触角，第三步画蝴蝶的花纹（图4-55）。

跳舞的小姑娘：第一步画脸、耳朵，第二步画头发，第三步画眼睛、鼻子、嘴巴，第四步画上身、手、丝带，第五步画裙子、腿、鞋子，第六步画裙子的细节、发饰等细节，一个跳舞的小姑娘就画好了（图4-56）。

图4-52　菠萝

图4-53　长颈鹿

图4-54　切开的辣椒

图4-55　蝴蝶

图4-56　跳舞的小姑娘

·试一试·

内容：参照上述绘画步骤进行线描临摹练习。

要求：通过练习掌握线描的基本技法和绘画步骤。工具不限，A4纸。

第七节 线描写生与创作

写生是我们学习线描过程中至关重要的一步，它能够体现绘画者的观察能力，同时锻炼其对线条的掌控能力。对于学前教育专业的学生来说，在美术学习初期，不应过分强调其写实性，而应鼓励学生敢于用线条对所画对象进行表现。

一、线描写生

线描写生是指在观察过后，以线条的形式来表现我们对所画对象的理解。它可以是具象的，也可以是抽象的，重点是在表现对象的特征过程中学会线条的应用，为未来的美术学习打下基础。

（一）植物写生

1. 观察

（1）观察外形特征。常见的植物有花草、树木、瓜果、蔬菜、菌类等。植物的外轮廓形状，如高大的杨树，树干长、树冠小、呈锥形；而荔枝树的树干短而曲折，树冠呈伞状。

（2）观察植物结构，研究其生长规律。树木一般都由根、茎、叶组成，要观察它的树枝是如何从树干上长出来的；叶子是对生的还是互生的；花朵长的位置和其是否繁密；果实是如何长在枝干上的等。

（3）观察细节特征。观察植物的枝干表面粗糙还是光滑；叶子边缘有锯齿还是平滑；叶脉是否清晰；花是单瓣或是复瓣等。

2. 写生步骤

以画仙人掌（图4-57）为例。

步骤一：起形。用铅笔画出植物的大致的轮廓，可以轻轻在纸上画出痕迹，也可以把主要结构简要表示出来（图4-58）。

图4-57 仙人掌

步骤二：刻画。为了锻炼对线条的掌控，建议学生使用不可更改的签字笔或水彩笔。选择自己对植物最感兴趣的部位入手,直接在纸上画出肯定的线条。如果已经对所画对象进行了详细的观察,因此不用每画一笔都抬头去看。在绘画中,不要求将植物的每个细节都表现出来,也不用完全按照所看到的来画,应抓住在观察时留下的感觉印象来进行处理。比如说,繁复的叶子、花朵,可以将形状简化处理,画成圆形、三角形(图4-59)。

图4-58　起形

图4-59　刻画

图4-60　线条的组织

步骤三:线条的组织。根据植物不同部位的厚度、质感,要有意识地选择线条进行描绘。如薄的叶子边缘或枝条用单线,粗的枝干用双线;硬的部位如树干、树根,用明确有力的线,长叶片、花瓣等软的部位,用多变的弧线(图4-60)。

步骤四:检查和整理。一旦开始写生,就要尽量画完,避免半途而废。完成作品后,要仔细检查,对需要补充的部分进行完善。对于不满意的地方,应在下次写生时注意避免。

·试一试·

写生:切开的卷心菜(图4-61)

要求:

(1)仔细观察切开的卷心菜的特征,如叶片是如何从根茎部长出的及它们是如何互相包裹的。

(2)可以不完全按照所看到的每片叶片来画,但线条要抓住叶片扭曲褶皱的特点。

(3)工具使用签字笔或水彩笔,A4纸。

图4-61　切开的卷心菜

(二)动物写生

1. 观察

大自然中的动物千差万别,即使是同一种类,也有可能外形相差甚远。因此,需要仔细观察后表现出其特点。

(1)观察动物的外形特征。常见的动物有畜兽、禽鸟、鱼、虫等。畜兽的主要结构为头、颈、躯干、四肢和尾巴。禽鸟的头部和躯干都呈卵圆形。鱼可分为头、身、尾三部分,一般有背鳍、胸鳍、腹鳍等。昆虫的形体结构一般分为头、胸、腹三部分。写生时要选常见动物,如猫、狗、鸡、鸭、金鱼、蚂蚱等,这样更容易抓住其特征着手表现。

(2)观察与研究动物的结构、动态。与植物不同,动物写生还需要对其动态变化进行观察。畜兽躯干包括肩、腹、臀三个部分,四肢和躯干均可展现出动态变化。禽鸟的翅膀长在背部的前方,腿足位于腹部的下方,尾巴处于躯干的最后部,其动态主要通过颈部和翅膀的活动来体现。鱼类的动态,主要由鳍和尾巴的摆动而产生。

(3)观察动物的细节特征。畜兽的毛有长有短,四肢、脚爪由于功能不同,外形也不同(如狗爪和牛蹄)。禽鸟的特征差异不仅体现在体形上,更在于喙、翅膀和尾巴等细节上。昆虫头顶触角灵敏,有的昆虫拥有两对翅膀,且身体结构左右对称。

2. 刻画

(1)用什么样的线条要在画前先想好,根据不同动物的形态和身体特征进行选择。如小猫的外轮廓,可用虚而轻的曲线表现其毛茸茸的特点。又如,巴西龟有圆形的壳(图4-62),其轮廓可以用较硬而肯定的线条来描绘。在表现其背部时,可添加不规则的花纹,这些花纹可以用曲线来表现。

(2)在仔细观察外观和动态后,从一个身体部位开始描画,选择头部或躯干皆可。在绘画时,可以先从细节入手,再逐步扩展至整体;也可以先构勒出整体轮廓,再深入刻画局部细节(图4-63、图4-64)。

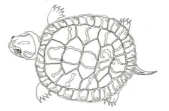
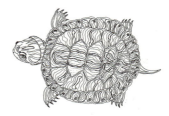

图4-62 巴西龟　　　　图4-63 整体刻画　　　　图4-64 线节刻画

(3)刻画虽然不要求写实,但要表现出所画动物的特点。可以通过略微夸张的手法,使动物看起来更加可爱,如将头部画得更大一些,耳朵画得更长一些等。

· 试一试 ·

图4-65 花猫

写生:坐着的花猫(图4-65)

要求:

(1)仔细观察花猫的动态,以及躯干和四肢及尾巴所呈的角度。

(2)斑纹不用涂黑,可以线条形式随意添加。

(3)工具使用炭笔或油画棒,A4纸。

（三）人物写生

1. 观察

（1）观察外貌、形体特征。对人物的观察要从年龄、性别、身材着手。例如，儿童通常头大身短，额头较高，五官相对集中，没有腰身，手脚较小。成年男子一般肩部宽、臀部窄，躯干呈倒三角形。成年女子的躯干呈"8"字，腰部较细。身材肥胖的人，通常小腹隆起，可能有双下巴。老年人脸上的皱纹较多，常见于眼周、额头、鼻翼、脖子等部位。

（2）观察不同年龄人群的动态特征各异。儿童活泼好动，在观察时可抓取其相对稳定的动态瞬间姿态；成年人多以姿态挺拔为美；而老年人常因身体机能老化，出现弯腰、驼背等典型姿态特征。

（3）观察服饰特征。不同性别、年龄层次的人衣着打扮风格各不相同，这也是绘画表现中需要仔细观察的。如果所画的是少数民族，则要仔细研究该民族服饰的特点，如苗族服饰的主要特点在于银饰。

2. 刻画

（1）人物线描写生多以全身像或半身带手为主（图4-66）。

（2）在具体刻画时，由整体着眼，从局部入手，逐步深入到细节，可大胆下笔，但用线要稳。同时，多注意人物的身体比例特征（图4-67）。

（3）在人物线描写生中，要进行细致的面部、手部的刻画。脸部是区分人物性别年龄的重要特征，而手则是表现人物动态的重要部位（图4-68）。此外，刻画老人时，应注重皱纹的表现，以体现年龄；而刻画年轻人和儿童时，则尽量避免在脸上出现纹路。

图4-66　构图观察

图4-67　身体比例特征

图4-68　深入刻画

（4）协调整理，通过线条疏密产生对比丰富的画面。尤其是在绘制少数民族服饰时，可画出花边花纹或饰品，使上衣和下装产生对比。在绘制衣纹时，尽量避免使用平行线或交叉线。

• 试一试 •

1. 老人头像写生

要求:

(1) 抓住人物相貌、年龄、性别特征,不强调写实性。

(2) 工具使用签字笔或水彩笔,A4 纸。

2. 人物半身带手写生

要求:

(1) 注意人体比例特征、头发、衣物等细节表现。

(2) 工具使用签字笔或水彩笔,A4 纸。

[小结]

写生并不意味着看到什么就画什么,需要对所画对象在画面中所呈现的内容进行主观取舍。固然线条是线描作品的主要组成部分,但在实际绘画过程中也需运用点和面的处理方法,以增强画面的表现力。当线变得足够短时,它就成了点;而当点变得足够粗时,它就形成了面。

案例 线描作品赏析

1. 学生作品分析

图 4-69、图 4-70 两幅作品为头像写生,创作者不同。通过对比,我们可以看出所画是同一个模特,衣领、发型和部分皱纹表现均有相似。两幅作品的区别在于图 4-69 作品对于老人的刻画更为细致,如头发按照走向进行了分组,表现得更为合理;五官的位置、比例安排得当;眼睛周围、嘴部的皱纹作了深入刻画,下颌的结构表现也更为准确。

图 4-69　　　　　　　　　图 4-70

图4-71、图4-72两幅作品各有精彩之处。图4-71作品人物的面部刻画较简单，更注重民族服饰的表现，用带有装饰性的花纹丰富画面；整体线条柔软圆滑、清晰肯定。图4-72作品人物的面部和手部刻画更为生动、深入，面部轮廓也准确地表现了老年人面部松弛的感觉；帽子和背心用细密的线条表现，外套基本空白，前景、背景用不规则的线条做装饰，在整幅作品中制造出疏密对比的效果；所用线条有轻重、曲直、长短之分，产生了丰富多变的画面效果。

图4-71　　　　图4-72　　　　图4-73

图4-73作品抓住了人物的动态特征，基本符合所画对象的身体比例。五官位置安排得当，刻画得比较准确，头发进行了分组表现，层次感略微欠缺。衣服纹理表现得当，有前后穿插关系，注意疏密安排，尤其是对领口、上衣上的字母、裤脚处，抓住了细节进行表现。

2. 学生人物线描作品欣赏

请欣赏以下作品（图4-74至图4-81），并尝试进行分析。

图4-74　　　　图4-75　　　　图4-76

图 4 - 77   图 4 - 78   图 4 - 79

图 4 - 80   图 4 - 81

二、线描创作步骤

艺术创作在培养儿童的想象力、创造力方面发挥着至关重要的作用。通过线描画的练习,可以将写生与创作交替进行,鼓励儿童将其奇思妙想以线描画的形式简单直观地呈现出来。作为学前教育专业的学生,可按照下列步骤进行线描创作。

第一步,构思。明确主题后,先考虑画面需要呈现的内容,构思布局。

第二步,构图。根据构思的内容进行构图,用铅笔轻轻起草,勾画轮廓。

第三步,勾勒填充。当轮廓画好后,用肯定的线条刻画细节,填充图案。在填充线条时,应根据物体的质感、肌理和色彩,灵活运用线条的疏密、方向、粗细的变化,增强形与形之间的层次感和立体感。注意,应避免过于简单或杂乱。此外,还可以利用线条的对比效果来提升美感,如粗细、长短、曲直、疏密、轻重、刚柔等。

第四步,整理。检查形象特征是否准确,布局是否合理,形象的关系、虚实表现是否需要调整。如有问题,进行必要的修改。

经过写生的积累,我们已经熟悉了线条的表现技法。线描创作就是将这些技法应用在图画的创作中,营造出画面的美感。

案例 **线描创作**

图4-82作品表现了繁忙集市的场景中的两个少数民族妇女。人物动态表现生动,通过前后人物比例表达了一定的透视关系。画面装饰感强,线条圆滑肯定,疏密安排得当。运用了点、线、面的组合对少数民族服饰进行描绘,起到了丰富画面的作用。

图4-83为一幅优秀的线描人物创作。人物动态表现准确,比例基本合理,面部与头发的处理比较好。衣纹安排得当,注重长短、疏密对比、穿插关系,皮带和裙子上的花纹描绘细致。背景中的沙发采用了平面化处理,其上的细密花纹使人物形象更加突出。

图4-82

图4-83

图4-84也是一幅优秀的线描人物创作。画面主体为人物组合,创作难度较高。画面构图安排布置合理,通过虚化的背景和精细描绘的前景制造出了纵深感。人物动态表现准确且生动,比例得当。面部刻画细致深入,抓住了庄稼汉饱经风霜的特点,表情显得安然且淳朴。服饰特点鲜明,运用多种线条来表现不同材质。

图4-85、图4-86为优秀线描创作范例。

图 4-84

图 4-85

图 4-86

 本章小结

　　线描是一种具有极强表现力的造型手段,也是一种独特的艺术语言。它不但可以表现极强的形式美感,而且还能反映出创作者丰富的情感。同学们只要用心观察这个世界,加强练习,用心体会,就能掌握这种简洁而有效的艺术表现方法——线描,并从中获得快乐和满足。

教学做合一

　　本章中欣赏过的很多大师作品都富含童趣,请思考:这些大师们在进行过专业的艺术训练后,为什么选择回归儿时的表达方式? 这对我们今后从事学前美术教育工作有什么样的启发?

第五章

装饰画

● 了解：装饰画的概念，以及它在学前美术教育中的地位和作用。

● 理解：装饰画的特点、作用，以及学习装饰画在学前教育活动中的重要性。

● 掌握：装饰画的各种表现手法、规律。

● 应用：学会独立创作装饰画，能够结合学前儿童的心理特点开展教育活动。

装饰画是一种并不强调高度艺术性，但十分注重与环境的协调和美化效果的艺术形式。在我国，大部分幼儿园的室内外装饰通常由本园教师来完成，而制作玩教具更是幼儿教师的必修课。因此，作为未来的幼儿教师，学前教育专业的学生应该有很扎实的儿童装饰画的绘画基础。

学前教育专业的装饰画与传统意义上的装饰画有所不同。该领域的装饰画更注重学生的主观想象和感受。学生可以根据自己的意愿和需要，突破客观事物的限制，自由组合画面元素。在创作过程中，主观表达重于客观描绘，联想和夸张多于分析与观察。学前教育专业的装饰画具有极强的装饰性，不仅充分展现了该专业所具有的童趣、灵性和丰富的想象力，还通过画面的巧妙配置与线条变化，呈现出粗细、曲直的节奏与韵律之美。

第一节　装饰画艺术的演变

一、概述

装饰画是学前教育专业课程设置中重要的组成部分，其精美的造型、合理的手法、独特的创意、绚丽的色彩能广泛应用于幼儿园教学活动中的各个方面。装饰不仅是单纯的美化行为，还是人类呈现自身精神需求而进行的审美创造活动。而其中的图案作为装饰审美创造的结果，承载着时代文化精神和审美智慧，是艺术追求的一种独特表现形式。

（一）装饰的艺术特征

装饰具有实用性、审美性、寓意性三个特征。

1. 实用性

装饰是主观对客观事物的反映或提炼，并不是对自然的简单描摹或者完全再现，而是创作者按照实用规律和美的规律所实施的一种创造。装饰具有实用性，是指创作者抛开自然物的透视、光感和结构限制，通过自己对物象的独特感受，运用夸张、象征、变化、寓意等抽象艺术语言，创造出具有形式美、结构美、装饰美的图像或图形。

2. 审美性

装饰美主要由实用美和艺术美构成。其中，艺术美的实现主要是通过形式美法则，运用色彩、造型、构成等手法达到情感交融、赏心悦目的效果。可以说，装饰的美是在应用过程和认识过程中表现出来的审美性。

3. 寓意性

寓意和象征是艺术表现的一个重要手段，装饰艺术同样使用了这一手法。它不仅是现实的反映,还融入了理想的追求,甚至带有浪漫的情怀。远古史前艺术中的诸多象征图案,其根源可追溯至人类面对自然浩瀚神秘时产生的恐惧感。为了求得生存和美好的生活,人类创造了这些图案,旨在实现与超自然力量的沟通或寻求精神上的安全感。这些行为反映了当时人们在现实生活中面临的困境,以及对理想化生活状态的向往。装饰的寓意主要体现在人们对美好生活的向往和追求。人们常常以动植物,甚至是以创造的意象化的装饰图案形态为基础,并赋予它们吉祥祝福的意义和象征。如民俗"百事大吉""连年有余""福寿双全""凤凰游龙""麒麟""宝相花"等传统图案(图5-1至图5-3)。可见,寓意性和象征性就是装饰设计的灵魂,这也是它区别于其他艺术形式的重要特征。

图5-1 连年有余

图5-2 凤凰游龙

图5-3 宝相花

(二)装饰艺术的演变

古今中外的装饰,大多都是由传统图案、图腾文化发展而来的。装饰首先是文化象征的符号,是文化物化形态的代表。装饰传达着一定的文化信息和社会属性,具有鲜明的民族思维表达方式。当传统文化发展到一定阶段并进入相对稳定成熟的领域时,装饰便成为不同的文化层次、风格、类型的参照标准。

中华民族拥有悠久的历史文化和辉煌的艺术成就。在数几千年的历史进程中,先辈们为我们留下了丰富多样的文化遗产,包括不同时期的思想观念、风俗习惯、审美趣味,以及具有代表性的图案艺术。虽然它们的风格各异,变化多样,但都充分展示了创造者的聪明才智和创作水平。它们为现代创作提供了更多的创新思维和灵感源泉,这对中华民族传统文化的延续具有深远的意义。

早在五六千年前的新石器时代,我国的祖先就在原始极其简陋的条件下,创造了灿烂的彩陶文化,这是他们贡献给世界历史文化宝库的瑰宝。陶器上的图案不仅是对生活现实态度的体现,而且也是对生活的赞美、追求和幻想(图5-4)。这一时期的装饰图案表现出一种自然、天真、稚拙及和谐的艺术气息。

青铜器在我国主要是指商、周鼎盛时期的青铜器物。它的造型雄伟,线条刚健,装饰神秘,显现出东方艺术之美。它不仅代表着统治者的权威和等级,而且还体现了某种神秘力量(图5-5)。

图5-4 陶器

图5-5 青铜器

图5-6 宴乐渔猎攻战纹图壶

春秋战国时期处在中国古代社会变革时期。在那个时期，政治上，各路群雄争霸，纷争天下；经济上，生产力继续发展，促进了手工业生活化和多样化的发展；审美上，逐步从神秘压抑的思想中解脱出来，表现出理性的、清新活泼的艺术特点（图5-6）。

秦汉时期，国家实现了统一，经济繁荣昌盛，文化领域出现了以天人感应说为核心的封建神学体系。帝王将相们热衷于歌功颂德，追求象征吉祥的瑞图。在此背景下，图案艺术逐步发展出一套丰富的象征体系，涵盖了大地山川、飞鸟禽兽等各个方面（图5-7）。

魏晋南北朝时期虽战争此起彼伏、政权不断更迭，但却是一个充满重大变化与发展的时期。战乱致使民众生活困困，这种状况在人们的精神层面也有所映射。例如，佛教的大规模盛行和发展，各类石窟造像、陵墓雕刻、寺庙建筑都迎来了前所未有的发展。同时，受其他外来文化的影响，装饰图案呈现出以不同事物为主题的、风格独特的装饰艺术的特征（图5-8）。

图5-7 秦汉时期的壁画

图5-8 魏晋南北朝时期的壁画

隋唐时期是中国历史上一个高度繁荣的时期。国富民强，人民安居乐业，对外交流频繁，文化艺术璀璨夺目，佛教文化继续发展，共同孕育了所谓的"盛唐气象"。这一时期的图形艺术，总体风格呈现出绚丽、舒展、华丽富贵的特征，无处不散发着大气恢宏的唐风韵味（图5-9）。

宋代崇尚儒学的"三纲五常"和理学的"存天理，灭人欲"的思想。图案装饰讲究单纯朴素、趣味高雅（图5-10），强调深沉的理性美，这种风格特征在宋代陶瓷艺术中达到顶峰，以

"五大名窑"(汝窑、官窑、哥窑、钧窑、定窑)的作品最为典型。这些陶瓷作品工艺精湛,造型优美,充分展现了宋代陶瓷艺术的独特魅力。

图 5-9 隋唐时期的石窟艺术　　　　　　　　图 5-10 宋代作品

明清时期是我国封建社会走向没落的阶段,与此同时,资本主义萌芽,商品交换日益频繁。在这种社会背景下,工艺美术迎来了一个新的发展高峰。在此期间,瓷器工艺进一步发展,工艺美术融入了西方的求真务实、敦厚庄重之美,使得器物造型趋向粗犷浑厚、色彩浓重、气魄宏伟(图 5-11)。

综上所述,装饰艺术的起源,实际上也是人类造型艺术的起源。人类最初的装饰艺术,源自史前时期。当时的人们面对浩瀚的大自然,在生活实践中产生了一种非自觉的艺术行为,这种艺术行为最初是具有实用意义的。

图 5-11 明清时期的瓷器作品

◀ 练一练 ▶

课后练习:
请上网查找并收集古代原始装饰绘画起源的相关作品。

第二节　装饰画的构成要素

装饰画作为一种视觉艺术形式,以图形和图像为核心表现手段。图形构成遵循自身的特殊规律,但是图像是根据某种内容需要,通过一定的构成要素进行组织和设计的,从而逐步达到装饰画所追求的艺术效果。这些构成要素包括图像的造型、色彩和肌理。一般情况下,图像的形式美感主要体现在造型上,而造型主要由点、线、面基本设计要素构成。在图案设计中,要让点、线、面这些原本抽象的元素发挥作用,就需要借助设计师的创造力,将它们与现实生活建立联系,进而实现艺术上的升华。

常用的黑白装饰画造型技法有点、线、面几种,或以点为主,或以线条为主,或点、线、面各种技法并用。

一、点是装饰画中最基本的艺术语言之一

点是所有形态之源,在所有造型元素中点是最简约、最活跃的元素。不同的点具有不同的造型效果,能够创造出丰富多彩的视觉感受。当点具有可视形象时,点便生动活泼起来,并展现出独特的视觉特征。这些特征与点所组成的整体相互作用,形成鲜明对比,使画面拥有了活力。

在构成里,点具有一定的装饰性和秩序感,蕴含抽象美感。它按照重复、渐变、对比等美学原则构建,使画面活泼灵动且自由奔放,装饰效果显著(图5-12、图5-13)。

图5-12　点的构成1　　　　图5-13　点的构成2

二、线是装饰画中不可缺少的造型语言要素

在几何学中,线被定义为只有位置、长度,而不具宽度和厚度,它是点移动的轨迹。而在造型设计中,线不仅具有位置、长度,还具备一定的宽度,它是面的边缘,也是面与面的交界。

线最基本的功能是限定图形的轮廓。不同粗细、长短、质感的线,能表现出风格各异的画面。线通过虚实、强弱、粗细、长短、曲直、顿挫、光涩等变化,能引起人们的各种联想。例如,直线简单明了,有阳刚直率之感;曲线圆滑流畅,有舒展活泼之感。在直线中,垂直线有向上、崇高之感;水平线有被动、平静之感;斜线有运动、不安之感。在一个画面中,无论是以直线为主、以曲线为主,还是以斜线为主,都能表达出具有个性化的主题(图5-14)。

图5-14　线的装饰画

在装饰画创作中,通常先将图形的明暗关系简化为黑、白或黑、白、灰的层次,然后再通过线(水平线、垂直线、曲线、斜线)的粗细或疏密变化来表现黑白画的明暗效果。这种表现手法具有较强的抽象性和构成感。

三、面与点、线一样,都是黑白装饰画中不可或缺的装饰语言

面具有高度概括、化繁为简的特点,通常体现为画面的整体效果。面由点或线构成,既可以用黑线或白线圈出其形状、范围,也可以用整块的黑色或白色进行表现。黑白块面有规律地排列能够构成清晰的节奏与韵律,是一种易于捕捉和感知的视觉样式。

以面构成的黑白装饰画,整体感强,黑白关系鲜明,视觉效果强烈。它可以用剪影的形式来表现。在表现时,除了注意外形的形状,还可以在大块黑中增加小的黑白变化和对比,这样会使画面显得更为丰富、柔和。另外,它也可以利用光影归纳黑白关系,以突出图形的立体感和起伏感,使画面生动,更富有活力。

面的大小、虚实、空间、位置等不同状态,都会影响画面的空间和人的视觉心理。面涵盖了多种形态,包括几何形、有机形、不规则形和偶然形等。这些形态具有明确、醒目、简练、大方、强烈的特点。几何形代表明快、单纯、规整、秩序;有机形代表生机、膨胀、优美、弹性;不规则形代表着自由、偶然,具有不一定的情态、情趣。除了几何形、有机形、不规则形,面形还包括徒手形、意外形、正负形等。其中,在正负形中,图形在前、背景在后为正形,反之则为负形。总之,面的表现形态是通过形与形的组合进行创造的(图5-15)。

图5-15　面的装饰画

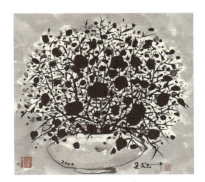

图5-16　吴贯中《花卉》

在同一件作品中,要仔细推敲点、线、面的运用。三者之间的组合关系要做到尽善尽美,切忌平均使用,分量相等,没有主次。虽然它们是相辅相成的,但是为了有意识地突出个性化的艺术语言,可以突出某一要素的分量,或以点为主,或以线为主,或以面为主等(图5-16)。

四、黑、白、灰的丰富层次

点、线、面的综合运用或者任何两种元素的交替运用,都会使画面产生丰富的黑、白、灰的层次感。黑、白、灰是指在用装饰表现中色彩明度的层次关系,即通过黑、白、灰的比例分

配来体现色彩的明暗对比和层次感。根据画面中黑、白两色使用面积大小比例的不同,可分为三种形式:以黑色为主的黑强白弱的黑调对比;以白色为主的白强黑弱的白调对比;以黑白两色各半所形成的黑白对比(图5-17、图5-18)。

图5-17 黑、白、灰作品1　　　　图5-18 黑、白、灰作品2

• 练一练 •

课后练习:

内容:以树为主题的装饰画创作。

要求:根据树木的生长形态,运用点、线、面及几何纹样的装饰手法。要注意树与其他景物之间的主次关系,以及各种树木的表现特征。

第三节　装饰画的形式美法则

装饰画作为一种造型艺术,本身就具有美的形式美法则和美的造型规律。装饰画注重形式美的表现,因为形式美法则是艺术共通的美的规律。这种共通性是人类在长期生活实践中总结和积累出来的。当然,装饰画也有其自身的特点和变化,在造型手法上常采用简练、概括、夸张、变形、解构、重构等方法。总体来说,无论进行何种造型变化,都应遵循装饰画的形式美法则,才能创作出新的形象,给人以精神上的愉悦。

一、变化与统一

变化与统一是装饰画中构成形式美的两个基本条件。变化是指在构成中突出强调自身的特点和个性,而统一是指局部服从整体。画面中的变化与统一是相互制约的。纷杂的变化会给视觉带来刺激,但如果缺少对整体的掌握,就难免会显得零乱松散、力度不足;而过分单纯地只求统一，又不可避免会出现呆板单调、缺少生气。变化与统一的关系是既相互对立又相互依存。在设计画面时，我们要力求在细节的变化中求得整体的统一，在单纯的统一中蕴含丰富的变化。形体的大小、质感、方向、色调可以是变化的因素。同样，形象特征、色彩、方向、明暗的统一等，也可以帮助我们对整体画面进行把握（图5-19）。

图5-19　变化与统一

二、对称与均衡

对称在形态上是一种等量等形的组合形式，也是一种最容易实现统一的基本形式。对称可分为点对称和轴对称。点对称主要包括发射对称（海星）、旋转对称（人风车）和扩大对称（同心圆）等；而轴对称主要包括左右对称、镜像对称等。对称往往是以一个轴心、一条轴线为中心而展开的形象，体现的是稳重、端庄的美感（图5-20）。

图5-20　对称

图5-21　均衡

均衡是一和等量不等形的组合形式。均衡是指根据力的重心，对各种分量进行配置和调整，从而使整本达到平衡的状态。在表现形式上，均衡比对称具有更大的自由度（图5-21）。

三、对比与调和

对比在装饰画中无处不在，是指利用相反的、对立的构成要素突出其各自的特性。运用形状大小的对比、方向的对比、动静的对比、冷暖的对比等方法都可以表现出对比的关系。如造型的宽窄、大小、虚实、聚散，色调的冷暖、明暗，形状的曲直、粗细、薄厚等。

调和是指画面中的各个组成部分能够达到和谐一致的关系。调和的作用是刻画主要造型、淡化次要造型，从而使主题更加突出。达到调和的基本条件是在作品中必须存在共同的因素，这些共同因素主要包括形、色、质等因素。

对比与调和是相辅相成的关系。增加对比可以使图案更加富有活力，而趋向调和则可以使画面整体更为和谐（图5-22、图5-23）。

图5-22 对比与调和1　　图5-23 对比与调和2

四、节奏与韵律

节奏是指画面中同一元素连续或重复出现所产生的动感，这一概念最初来源于音乐领域。韵律指有规律的节奏经过扩展和变化所产生的流动美，这一概念常用于诗词领域。在视觉艺术中，元素的长短、浓淡可产生如音乐一样的节奏美，以及如诗词一般的抑扬顿挫的韵律美。另外，在构成形式和方法中，"渐变"是最容易突出节奏和韵律的形式美的一种方式。在造型设计中，如果节奏过于重复会显得单调，因此富有韵律的形态才是具有魅力的画面（图5-24）。

图5-24 节奏与韵律

练一练

课后练习：

运用所学过的装饰形式进行练习（方法自选），并灵活应用点、线、面与黑、白、灰的关系。

第四节 装饰画的变化方法

变化是在对形象真实写生之后进行加工改造,从而使之具有装饰美感的一种创造性的手段。通过简化、添加、夸张、变形等一系列装饰手法,能使对象脱离自然又保存其基本特征,成为更加完美的艺术形象,从而使画面具有感染力和表现力。装饰画的变化方法有很多种,可简单地概括为以下几种。

一、化繁就简法

化繁就简法是装饰画形象变化中最为基础的方法,它将繁杂的客观形象作归纳的艺术处理,把呆板变生动,把纷乱多余的省略,使其变为一种有规律可循的秩序和节奏。化繁就简的主要方法有影绘、光影省略、线省略。图 5-25 所示的装饰画就是运用化繁就简法画出了鱼类形象的大概轮廓。

图 5-25 化繁就简法　　图 5-26 化简单为丰富法

二、化简单为丰富法

化简单为丰富法也叫"添加法",指在经过简化或夸张等变形以后,在纹样上附加一些装饰、寓意(图 5-26)。中国传统图案纹样中较多使用此法,称作"花中套花",如在经过处理后的鱼身上添加莲花,便含有"连年有余"之意。这是一种结合纹样深化构思的装饰。

三、化写实为夸张法

夸张是装饰艺术创造中一种重要的方法,是艺术的强化,也是情之所至。夸张并非对原型的简单放大,而是在现实的基础上,对自然形态的外形、神态、习性等进行适当的夸张和强调,使其更能体现形式美、更自然得体、更富生命力。例如,在外形处理上,通过该方法可以使圆的更圆、方的更方等。夸张的方法主要有整体夸张、局部夸张、透视夸张等(图5-27)。

图5-27　夸张法

四、拉长缩短法

拉长是为了表现物象的舒展、挺拔,或抒发一种昂扬、升华的情感。采用拉长法,可将所表现的物象的比例关系夸张拉大。拉长的程度则视画面效果和主观感受而定,不能一概而论。例如,意大利著名画家莫迪里阿尼笔下的人物均被拉长,形式感较强,给人一种新颖怪异的感觉。我国的云南画派也较多采用拉长的手法,展现云南独特的地域文化和艺术风格。此外,印度尼西亚的木雕以及我国的民间皮影戏造型(图5-28),均借助拉长法而生发出不凡的艺术魅力。

图5-28　拉长法

图5-29　缩短法

缩短是将被表现的物象比例缩短,以制造出一种短粗敦实、憨态稚拙的效果。缩短后的造型在我国民间美术中被广泛运用,如民间剪纸、泥玩具(图5-29)、木偶等常用此法。

五、无中生有法

随着时代的变化与发展,在装饰画表现中,装饰变形手法与观念均相应地发生着变化,逐渐进入了一个虚拟的矛盾空间。无中生有的表现手法就是这种观念的体现。例如,创作者为了画面表现效果的需要,将人物脸部五官画得极为简单,以至不着一笔却达到此时无声胜有声的效果。再如,创作者为了表现人物衣裙,有时只画了人体轮廓或以空白处理,却给人以无限的遐思。在蒙德里安大师的几何画作中，我们常看到他将绘画的基本元素，结合几何图形的排列，组合成大大小小不同的方格，从而产生富有节奏的画面（图5-30）。由此可见，单纯的造型结构，也会诠释出主题的活力与律动，这引导我们突破旧有的形象的桎梏，去发现生活真实的本质。

六、颠倒黑白法

颠倒黑白法指创作者根据画面效果的需要，如特有的对比关系、黑白灰节律变化等，大胆地颠倒黑白，以获得意外的视觉效果与美感，从而给人以出奇制胜的感觉。这种方法是用感觉的真实来取代现实的真实，用艺术的合理来替换生活的合理，使艺术产品真正成为人类精神的"兴奋剂"，将人类引入一个亦真亦幻、充满神奇色彩的瑰丽世界。它可以愉悦人的感官，净化人的心灵，满足人们的好奇心，从而成为人们解除身心疲劳、释放压力、重新振作的一剂良方。因此，这种出人意料的表现效果能够打破人们已经形成的欣赏习惯，刺激视觉感官，从而丰富人们的精神世界，使其更加充满生机与活力（图5-31）。

图5-30　无中生有法

图5-31　《信仰》

图5-32　《自然》解构法

七、解构法

解构法类似构成中的"打散重构"，也可以称为剪拼与重组。在对自然界中的物体归纳、提炼、概括处理之后，创作者先根据主观意图进行分解、分割、移位，然后再根据一定的规律重新组合。这样既形成了一个新的形象，又保留原事物的部分特征（图5-32）。

总之，装饰画是创作者从自身的主观感受出发，把对生活的理解与对艺术风格的追求融入装饰语言之中。其情感的表达超越了客观的概括，从而在精神上得到升华。因此，装饰艺术丰富而深邃，兼具神秘感与表现力，极具感染力。当我们沉浸于那浩瀚的黑白艺术海洋时，便能从那些简洁的黑白对比的细节中，感受到光的灿烂和色彩的斑斓。

课后练习:

内容:花、叶与陶罐的变形练习。

要求:运用不同的变形方法做变形练习各3幅(方法自选),并灵活应用黑、白、灰与点、线、面的关系。

第五节　装饰画的色彩

装饰色彩是指利用色彩关系,如色彩的冷暖、明度和纯度以及搭配等,并通过点、线、面及其综合技法来表现物象的一种手段。色彩是装饰中最具表现力和感染力的因素。它通过引发人们的视觉感受,产生一系列生理、心理及类似物理的反应,从而激发丰富的联想,并赋予深刻的寓意和象征意义。装饰画中运用的色彩,是主观、心理、臆想的色彩,而非客观、科学、理性的色彩。在装饰性绘画中,创作者可根据情感和心理的需要,在简洁的画面上大胆用色,直抒胸臆,不需要顾及色彩的真实。这种用色方式能使色彩呈现出鲜明的个性和特有的艺术风格。装饰性绘画的色彩是自然色彩与理想色彩的巧妙结合,更注重色彩的概括和色彩的大胆处理,这本身就是一个独特的设计过程。色彩装饰画具有自身的艺术性,其画面内容也有自己的主题。它不是一个单独的生命个体,而是与环境紧密相连。因此,装饰画的设计需要服从整体空间环境的营造需求,以实现与环境的和谐统一(图5-33)。

图5-33　装饰画《和谐》

一、写生色彩与装饰色彩的区别

写生色彩是从客观真实的角度来观察、分析和再现色彩关系的,色彩表现的是事物的真实性(图5-34)。它不仅研究物体的固有色,而且还从整体上表现物体在光线照射下的各种色彩关系。写生色彩重视对象的固有色和环境色之间的相互作用,以及光源变化对这种色彩关系的影响。写生色彩的目的是提升色彩表现能力,通过直接描写自然形象,捕捉色彩的真实性和生动性。

装饰色彩是在写生色彩的基础上对色彩进行更自由的运用与表现。它不依赖光源和自然物体的色彩关系,侧重于展现个人感受和强调整体画面效果。装饰色彩的造型原则不局限于对客观自然色彩或者形态的客观再现,而是突破客观自然色彩和形态的约束,着重强调色彩调子和画面气氛的营造,可以根据创作者的主观感受去呈现色彩,无须受客观对象固有色彩的限制(图5-35)。

图5-34 写生色彩作品《归家》

图5-35 装饰色彩作品《畅游》

二、色彩的表现

色彩是装饰画形式美的要素之一。装饰画中色彩的表现主要体现在以下几个方面。

(一)归纳自然色彩

自然表象极为丰富多彩,但常常也是杂乱无序的。归纳自然色彩的主要方法是把自然中杂乱无章、散乱无序的东西加以条理化和秩序化。自然色彩本身就有丰富的明度、纯度和色相,在道法自然的基础上进行整理、概括、提炼,使之形成简洁、装饰性强的色彩表现风格。但是,归纳自然色彩应遵循一定的秩序性。秩序性是指将自然状态的事物按一定条理进行排列,建立一种人为的艺术秩序,使观赏者在心理上产生情绪共鸣(图5-36)。

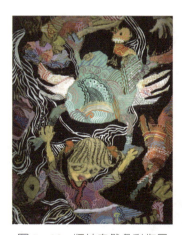

图5-36 归纳自然色彩作品

(二)借鉴民间色彩

装饰画可以借鉴民间色彩的形式来表现。民间美术形式多样、题材广泛,通常取材于人物、动物、民俗、花鸟等元素,并以其热烈、纯真、质朴、古拙、灵秀、自由特征显示其自身的魅力。它主要有三个特点。一是讲究装饰性和趣味性,注重色彩效果,追求强烈的视觉印象。二是构图奇美,想象力丰富,手法简练概括;用色极为大胆突出,色彩常表现为饱满、艳丽、清新。它常使用纯度较高的原色,如大红、大绿等,通过对比后形成强烈的装饰效果。三是多用传统手法再现纯朴的民间气息,具有奇异独特的艺术效果和生命力。在创作过程中,装饰画多用剪纸手法,突出线条和用色,给人以强烈的视觉印象和厚重的艺术美感,从而达到一种纯粹的民间色彩效果(图5-37)。

(三)借鉴绘画大师色彩

装饰画还可以广泛吸收现代艺术大师的绘画色彩,以提升其艺术效果。例如,借鉴表现主义大师克里姆特的作品,其画面具有强烈的装饰色彩,人物扭曲变形,色彩搭配和谐,呈现出一种略带颓废和矫揉造作的美感,总体风格带有浓郁的伤感情调。又如,参考印象派大师莫奈的作品,他淡化了景物的体积感,强化了色彩因素,不再依靠明暗和线条形成空间感,而是依据光反射原理,通过色彩的冷暖对比来表现鲜明生动的景物。莫奈的这种色彩运用方式打破了固有色对物体的限制,诠释了环境色的色彩语言和风格。图5-38是莫奈特殊色彩艺术语言的表现,充分表现出了大自然给予物体的灵动之美。

图5-37　借鉴民间色彩作品　　　　图5-38　莫奈的作品

(四)主观色彩和客观色彩

图5-39　客观色彩作品

主观色彩是绘画创作的重要组成部分。它是指艺术家在创作作品时不受自然界色彩的影响和约束,完全以自我的色彩感受来描绘客观事物,主观抽象地升华了色彩的个性,从而形成了自己独特的色彩面貌。主观色彩是艺术家个性情感的表现,是艺术家对色彩的灵感与激情的表达,也是艺术家对色彩理想世界的独特发现。它反映了艺术家对某种色彩的偏爱和理解,是艺术家经过长期的色彩磨炼和探究而形成的。

客观色彩是艺术家对空间环境和人物形象诸造型色彩的真实再现,不做主观修饰,遵循自然规律,体现了一种写实风格(图5-39)。

(五)色彩采集和重构

色彩采集是对收集的素材进行理解、变化、提炼和再创作的过程。通过对素材色彩的采集和筛选,可以深入了解不同民族的风俗人情、传统文化的精神内涵以及自然环境的微妙变化等。色彩采集是装饰画创作的一个重要手段。色彩的采集范围相当广泛,一方面可以借鉴古老的民族文化遗产,从一些原始的、古典的、民间的和少数民族的艺术中寻求灵感和创作源泉;另一方面可以从客观存在的自然景观、人物形象、异域风土人情以及各类文化艺术和艺术流派中汲取养分。

色彩重构指的是采集到的物象中美的、新鲜的、有价值的色彩元素注入新的组织结构中,通过加工、创意等手法,使其产生新的色彩形象,从而赋予作品独特的艺术表现力和视觉冲击力(图5-40)。

图5-40　色彩重构作品

三、装饰画的着色手法

(一)平涂法

平涂法是最常用的一种手法,主要包括勾线平涂和无线平涂两种方法。勾线平涂是平涂与线结合的一种方法,即在色块的外围用线勾勒、组织形象,是勾线平涂最常用的方法。无线平涂是指利用色块之间的关系产生一种整体的形象感,并不依靠线来组织形象。在填充颜色时,需要将颜料均匀调和,确保混合搅匀后,力度均匀地平涂在预先设定的轮廓范围内。在行笔时,要顺势涂抹,避免来回反复涂抹,以保持色块的平整与整洁(图5-41)。

图5-41　平涂法作品

(二)干擦法

干擦法是在有色底上,使用油画笔、毛笔或其他绘画工具,在底色上擦出干笔的效果。运用干擦法,可以创造出色彩重叠、肌理丰富的笔触效果。

(三)渲染法

渲染法的特点是色彩过渡自然,具有微妙的层次感。在较稀薄的颜料颜色未干时,再用另一种颜色或同一颜色在其上进行渲染,可以达到深浅不一、不同颜色的效果。此外,也可以用两支毛笔在两色交接处,趁其未干时调出中间色进行涂抹,使颜色过渡自然,不留明显的界线。它常用于在宣纸等吸水性较强的材质上作画(图5-42)。

(四)点画法

点画法也称点彩法,是一种受印象派绘画技法影响而形成的表现手法。点画法通过在画面上用各种色相的点进行组合,使这些点在视觉空间中产生相互混合的效果,进而呈现出

图 5-42　渲染法作品

图 5-43　点画法作品

绚丽多姿、变化丰富的景象。点画法的特点是使用大小不一、形状各异(如圆形、方形)的色块,按照疏密有致的布局进行点绘,从而创造出独特的视觉效果(图 5-43)。

(五) 拓印法

　　拓印法是指用裹着棉花的纱布、其他白纹理的布料,或者具有一定吸水性的纸张蘸取颜料,然后在纸上进行压印。压印的力度不同,得到的肌理效果也不一样。另外,还可以把较薄的纸张附在某种有肌理效果的物体表面,如树皮、木板等,使用墨汁、铅笔等工具加以拓印,从而复制出物体表面的纹理。这种方式能产生别具一格的艺术效果(图 5-44)。

图 5-44　拓印法作品

图 5-45　勾线法作品

(六) 勾线法

　　勾线法是绘画中最常用的方法之一。在完成形体的块面填好色后,用毛笔蘸着颜料,沿着轮廓线对形体进行勾勒,清晰地把形体的外轮廓画出来。勾线时要做到用笔准确流畅、干脆利落,以确保线条的清晰与美观。此外,必须待第一层颜色干透后,再对形体进行勾勒,以免颜料相互晕染,影响画面效果(图 5-45)。

四、色彩装饰画的材料工具表现

（一）水粉材料表现

水粉画的色彩效果以鲜艳、华丽、柔润、明亮、浑厚为特点,适宜表现简明概括、鲜明强烈的画面效果(图5-46)。水粉画既可以运用水彩画湿润的薄画法,表现出轻逸与流畅的特点;也可以采用浑厚的油画技法,表现出油画般的细腻与厚实。水粉颜料自身具有覆盖力较强、便于涂改、可塑性强的特点。

图5-46　水粉画作品

图5-47　彩色铅笔画作品

（二）彩色铅笔材料表现

彩色铅笔是一种非常容易掌握的涂色工具,其绘画效果与铅笔类似,但具有更丰富的色彩表现。彩色铅笔的颜色多种多样,画出来的画面色调柔和,风格清新简洁,并便于用橡皮擦除。彩色铅笔分为两种类型:可溶性(可溶于水)与不溶性(不能溶于水)。可溶性彩色铅笔又叫水彩色铅笔,在没有蘸水前,它与不溶性彩色铅笔的效果是一样的;但是在蘸水之后,它会呈现出类似水彩的效果,颜色变得鲜艳亮丽,色彩过渡更加柔和(图5-47)。

（三）油画棒材料表现

油画棒是一种棒形画材,由颜料、油、蜡的特殊混合物制作而成。它使用便捷,可以直接在画纸上作画,也能通过混色、层涂、刮除、分层等技法来丰富画面效果。与油画颜料和水彩颜料不同,油画棒是一种固体颜料,无须做混色或调色的准备工作,可随时用于创作(图5-48、图5-49)。

（四）色粉笔材料表现

由颜料聚合而制成的棒状色粉笔,不仅能制造出丰富的肌理,还能呈现出鲜艳纯净的色彩,从而赋予画面迷人的效果(图5-50)。色粉笔画与粉笔画有相似之处,但其质地比粉笔更为松软。色粉笔所绘制的画面一般具有松软、明艳的特点,视觉效果较好,但由于材质的特性而使作品难以长期保存。

图 5-48　油画棒作品 1

图 5-49　油画棒作品 2

图 5-50　色粉笔画作品

图 5-51　油画作品

（五）油画材料表现

油画颜料是极为常见的材料，其厚重的功能和极强的可塑性是其他材料难以比拟的。凭借这种特性，油画能营造出独特的节奏与力度感，在观感上与观众的思想情感产生共鸣。在运笔时，油画颜料不仅能够精准地塑造形象，还能丰富画面的肌理效果（图 5-51）。

（六）水彩材料表现

水彩画因颜料与水的结合而具有独特的流动效果，呈现出透明、轻快、滋润、流动等特点，由此形成了与其他画种截然不同的艺术风貌和创作技法。颜料的透明性可使水彩画产生一种明澈的表面效果，而水的流动性会创造出淋漓酣畅、自然洒脱的意趣，使作品更具生动性和表现力（图 5-52、图 5-53）。

（七）丙烯材料表现

用丙烯材料创作的作品与一般的油彩画相比，具有色彩鲜艳、丰满，长期保存不易变色、色彩不易脱落等独特优势（图 5-54、图 5-55）。

图 5-52　水彩画作品 1

图 5-53　水彩画作品 2

图 5-54　丙烯画作品 1

图 5-55　丙烯画作品 2

(八) 综合材料表现

除以上的材料以外,还可以运用石材、金属、纤维、陶瓷、木材、藤条、皮革和纸张等综合材料进行装饰画创作和表现。这些材料凭其独特的物理属性,展现出丰富多彩的美感和视觉效果(图 5-56、图 5-57)。

图 5-56　综合材料装饰画作品 1

图 5-57　综合材料装饰画作品 2

· 练一练 ·

课后练习：

内容：运用学过的表现形式、材料，以房子为主加小动物或小飞禽组成一幅装饰画。以树为主加小动物或小飞禽组成一幅装饰风景画。

要求：切合题意，描绘细致。

规格：15 cm×15 cm。

色彩：限用 4—5 套色。

本章小结

　　在这一章中，我们向大家介绍了装饰画的构成要素、表现形式、变化方法以及色彩等。通过系统地学习装饰画，同学们有机会尝试运用不同材料和不同制作手法，在不同表现形式的体验中，丰富自身的视觉、触觉和审美经验，从而充分享受美术活动的乐趣。

　　装饰画广义上是指一切的装饰行为和现象；而狭义的装饰画主要是指装饰行为的结果，即"装饰艺术"之意，是图画与手工的综合。装饰画出现在学前教育专业中不仅是一种简单的艺术形式的继承，更是一种融合多种因素、很强综合性的教育行为。装饰画课程的设置，不仅是为了让同学们掌握一些基本的制作知识和技法，更重要的是将其作为对儿童全面实施素质教育的重要切入点。通过装饰画教学，同学们可以运用自己的爱心、热心、耐心和决心去探索和创新，引导儿童在艺术实践活动中获得基本的美术素养，继而陶冶审美情操。

教学做合一

　　通过本章的学习，我们已经掌握了装饰画的构成要素、形式美法则、变化方法、色彩等内容。请你思考一下，如何结合学前儿童的心理特点，利用不同的材料工具表现，独立创作一幅完整的装饰画。

第六章

中国画

· 目标与导读 ·

● 了解：中国画的概念、种类，以及其在学前美术教育中的地位和作用。

● 理解：中国画不同类型的绘画技法。

● 掌握：中国画的各种表现技法和色彩的运用。

● 应用：学会独立描绘中国画，能够结合学前儿童的身心特点开展教学。

中国画是我国独特的传统绘画形式,有着悠久的历史,是世界艺术宝库中的一颗璀璨明珠。在我国,中国画的学习,可以从儿童开始,引导他们认识并了解这一传统艺术形式。通过对中国画的学习,孩子们不仅可以掌握中国画的基本笔墨表现技法,还能提升观察力和动手能力。此外,借助拓印、喷、洒等各种肌理技法,孩子们能够表现一些特殊的画面效果,从而拓展发散性思维。通过中国画的学习,孩子们不仅能够收获知识与乐趣,还能为我国传统文化的传承与发展贡献一份力量。

第一节 概　　述

中国画在古代无确定名称,一般被称为"丹青",主要指的是画在绢、宣纸、帛上并加以装裱的卷轴画。汉族传统绘画形式是用毛笔蘸水、墨、彩作画于绢或纸上,这种画种被称为"中国画",简称为"国画"。中国画在内容和艺术创作上,体现了古人对自然、社会以及与之相关的政治、哲学、宗教、道德、文艺等方面的认识。

中国画是我国传统绘画艺术的重要组成部分。通过接触中国画、学画中国画,孩子们可以在生动的笔墨技法中提升观察能力,在丰富色彩的运用中激发想象力和创造力。在耳濡目染中,孩子们还能感受中华民族的古典审美情趣,从而培养对传统文化的热爱。

儿童中国画教育是我国少儿美术教育中的重要组成部分,对于培养儿童的观察力和实践能力具有重要的作用,同时也是让儿童了解我国传统绘画的重要途径。写意是儿童中国画中比较常用的描绘方式,也是易于学习的表现手法。儿童在认识事物的时候往往以意象为主,在理解事物时呈现抽象性,因此他们笔下的世界通常是概括的、单纯的、充满趣味性的。然而,随着社会的快速发展,各种各样的绘画方式不断涌现,儿童在选择学习绘画时面临众多选择,令人眼花缭乱。在这样的多元环境下,儿童中国画教育的重要性愈发凸显。

第二节 中国画艺术的发展

中国画历史悠久,远在 2000 多年前的战国时期就出现了画在丝织品上的绘画——帛画。春秋战国时期最为著名的作品《人物御龙帛画》,便是绘制在丝织品上的作品。

中国画主要分为人物、花鸟、山水等几大类。从表面上看,这种分类是基于题材,但实际上,它反映了中国画通过艺术形式传达观念和思想的深层内涵。所谓"画分三科",即概括了宇宙和人生的三个方面:人物画所表现的是人类社会,人与人的关系;花鸟画所表现的是大自然的各种生命,与人和谐相处;山水画所表现的是人与自然的关系,将人与自然融为一体。

中国画之所以分为人物、花鸟、山水等几大类，其实是由艺术升华的哲学思考。人物、花鸟、山水三者相互关联，共同构成了宇宙的整体，相得益彰，是艺术本质的生动体现。

明代绘画流派纷呈，各领风骚。明代画坛在元代的基础上继续演变发展，具体表现在以下几个方面：文人画和风俗画成为主流，并形成诸多流派；山水、花鸟题材流行，人物画衰微；水墨技法不断创新，进一步丰富了笔墨的表现力；创作宗旨更强调抒写主观情趣，追求笔情墨韵。

自 19 世纪末以来，中国画在近百年引入西方美术的表现形式与艺术观念的同时，继承和发扬了民族绘画传统，形成了流派纷呈、名家辈出、不断改革创新的局面。自五四新文化运动以后，随着西方美术的大量引入和反封建斗争的深入，改革中国画成为新的时代潮流。以留学日本及欧美的高剑父、高奇峰、刘海粟、徐悲鸿、林风眠等人为代表，倡导将西方美术的写实、近代西方美术的创作观念与传统的中国画相融合，由此走出了一条改革、创新中国画的新路子，使传统的中国画焕发了新的生机。例如，徐悲鸿将西方绘画的写实手法融入传统的笔墨之中，丰富了中国画的表现性；林风眠则调和中西，并汲取民间美术的质朴与刚健，形成了自己意境深邃、形式新颖的独特风格。此外，陈之佛将中外装饰艺术中的色彩融入工笔花鸟画的创作 吴冠中用中国画的工具材料和西方现代艺术的形式、观念来表现中国画传统的诗情与境界等，均取得了重要成就。

第三节　中国画的分类及材料

一、中国画的分类

（一）按画法可分为工笔画和写意画

工笔画，又称"细笔画"，是中国画的一种技法类别。它讲究细致的笔法制作，画面要求工整，着重于线条的美感，是一种以精谨细腻的笔法描绘物象的表现方式。

写意画，则是用简练大胆的笔法描绘物象，画面中墨彩飞扬，笔触纵横。它追求心灵的感受，笔随意走，被视为意笔，重视意象的表达，能更好地体现创作者的内心情感。

（二）按题材可分为山水画、花鸟画、人物画

1. 山水画

我国古代绘画的表现之一，是写意山水画，其以线为主，通过运用中锋、侧锋、顺锋、逆锋等多种笔法，呈现出轻重、虚实、粗细、转折等笔墨形态。作画时，创作者要根据山的结构来用笔，避免使画面杂乱无章，如黄公望的作品《富春山居图》（图 6-1），便是其中的典范。工笔山水画在古代有"青山绿水"之称，其表现手法极为工整细腻。创作者先将山石树木的形态用单纯有力的线勾勒出来，然后以石色（如三青、三绿等）描绘。这种画法色彩鲜明浓重，给人一种视觉上的冲击效果，画面装饰效果比较强，如林容生的作品（图 6-2），便充分展现了这一特色。

图6-1 黄公望《富春山居图》

图6-2 林容生的作品

2. 花鸟画

花鸟画一般表现的对象都是大自然中的树木、花草、禽鸟、走兽、虫鱼等。写意花鸟画通过笔墨与纸的碰撞,传达花鸟的生命力与各种不同的特性。在造型上,它重视形似而不拘泥于形似,力图在似与不似之间表现对象的神采与创作者的情感,如齐白石的作品(图6-3)。工笔花鸟画起源于唐代,成熟于五代,鼎盛于两宋。在描绘中,创作者先通过白描勾勒造型,再用色彩填充,采用分染、罩染、统染、点染等技法描绘对象,从而产生栩栩如生、精致动人的视觉效果,如宋人小品(图6-4)。

图6-3 齐白石的作品

图6-4 宋人小品

3. 人物画

人物画是中国画中最早出现的画种之一。人物画主要抓住人物的"神",要求形神皆备。写意人物画可分为大写意和小写意。大写意是最大限度地发挥写意人物画技法特性,难度较大,常运用简笔、泼墨、泼彩等技法,如梁楷的《泼墨仙人图》(图6-5)。小写意则运用写意线描来描绘人物,在写意线描的基础上进一步进行笔墨训练,最后用颜色来描绘,强调对颜料性能的掌握、用色的技巧以及色墨混用的技法,如黄胄的作品。工笔人物画是以线描为主,精细入微地表现人物对象的绘画手法。在此基础上,运用色彩,通过分染、罩染、统染等技法,描绘生动的人物形象,细腻的皮肤、不同材质的衣服和装饰,并营造出与主题相适合的画面气氛等,以达到和谐统一的画面效果,如何家英的作品(图6-6)。

图 6-5　梁楷《泼墨仙人图》　　　图 6-6　何家英的作品

二、中国画的材料

中国画的工具材料主要包括中国传统的"文房四宝"——笔、墨、纸、砚,以及中国颜料、调色碟、笔架、笔洗等。我们作画前就需要将这些工具材料都准备好,因为材料会直接影响作画的情绪和表现效果。

中国画的用笔主要以毛笔为主(图 6-7)。根据笔毛的软硬度,可将毛笔分为:软毫、硬毫、兼毫三种。根据笔头的材质和特性,可将毛笔分为羊毫、狼毫和兼毫三种。

墨,在中国绘画中有其独特的地位(图 6-8)。常用的制墨原料有油烟与松烟两种。

在唐宋时期,中国画多以绢为载体进行创作,到了元代以后才大量使用纸作画。中国画所用的纸与其他画种有所不同,其中最具代表性的是宣纸(图 6-9)。宣纸又分为生宣、熟宣和半生熟宣三种。

图 6-7　毛笔　　　　　图 6-8　墨　　　　　　　　图 6-9　宣纸

传统中国画颜料根据其制色原料的不同,主要可分为矿物颜料、植物颜料、金属颜料、动

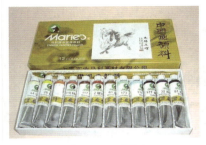

图 6-10　颜料

物颜料、人工颜料(图 6-10)。

除上述的笔、墨、纸、颜料之外,还需准备调色(储色)工具、贮水盂、毛毡等。

一是调色(储色)工具:以白色的瓷器制品较佳,调色或调墨应准备多个小碟子;储色以梅花盘及层碟较理想,不同的颜料应该分开储放(图 6-11)。

二是贮水盂:盛水作洗笔或供应清水之用,以白色瓷器制为佳(图 6-12)。

三是毛毡:衬在画桌上,可以防止墨渗透将画玷污,同时在铺上纸张后,还能保护画面不易被笔擦破(图 6-13)。

图 6-11　调色(储色)工具

图 6-12　贮水盂

图 6-13　毛毡

第四节　中国画的基本技法及步骤

在儿童中国画的教学中,教师指导儿童作画时需采用循序渐进、由简到繁、由易到难的方法,这样可让儿童掌握一定技巧的同时,更多地了解一些中国画的基础性知识。如"墨分五色"这个术语最早见于唐代张彦远的《历代名画记》中,提到"运墨而五色具",即通过不同浓淡的墨色来表现丰富的色彩效果。在不同的历史时期,"墨分五色"有着不同的解释。在宋代以后,它多指墨色的浓淡变化;而在宋代以前,则可能指浓淡不同的墨迹对应五色。具体来说,五色可以是焦、浓、重、淡、清,也可以是浓、淡、干、湿、黑,有时还会加入"白",合称为"六彩"。焦墨:接近干墨的状态,浓黑且有光泽(图 6-14)。浓墨:深黑色,比焦墨稍加水分(图 6-15)。重墨:比浓墨稍淡,但比淡墨要深(图 6-16)。淡墨:含水分较多,色相更浅,用于表现较远或较亮的物象(图 6-17)。清墨:非常淡的墨色,几乎接近于水,用于表现最浅的部分或雾气等效果(图 6-18)。

图 6-14　焦墨

图 6-15　浓墨

图 6-16　重墨

图 6-17　淡墨

图 6-18　清墨

　　在实际应用中,画家通过巧妙地调节墨与水的比例以及运用不同的笔法,能够在单一的墨色中表现出丰富的层次感和立体感,从而在观者的眼中产生五彩斑斓的效果。这种技法不仅在山水画中得到广泛应用,在花鸟画中也发挥着重要作用。它既展现了中国画家对自然的细腻观察,也反映了他们对色彩的深刻理解。这不仅是一种技法,更是一种哲学思考和审美追求的体现。通过墨色的深浅、干湿变化,画家能够表现出物体的质感、光影和空间关系,进而传达出更为丰富的情感和意境。

　　在儿童中国画的教学中,教师应引导儿童逐步了解熟悉并掌握笔墨知识,并辅以拓印、揉纸、洒水等特殊技法来丰富教学的趣味性。针对具体的中国画题材分类,教师可利用不同的表现技法指导儿童对多种题材进行学习,激发儿童对中国画的兴趣,提升他们对不同题材的理解和表现力。同时,教师要保护好儿童特有的想象力,适当增加趣味性、传达知识,让儿童在学习中国画的过程中玩得开心、学得充实。总之,教师应以启发兴趣为宗旨,用循循善诱、寓教于乐的方式来教导儿童学习中国画。

一、植物

(一)黄瓜

　　第一步,用大狼毫笔蘸水,用笔尖蘸墨,画叶子(图6-19);第二步,用淡的墨画下面一片叶子(图6-20);第三步,调颜色,用花青加少许藤黄,混合成蓝绿色,画黄瓜(图6-21);第四步,用同样的方法,画左边的叶子和黄瓜(图6-22);第五步,用小狼毫蘸墨画藤,体现出藤是缠绕在一起的(图6-23);第六步,在画面上用淡的蓝绿色再画一个黄瓜,待黄瓜快干时,用小狼毫画黄瓜的表皮纹理(图6-24);第七步,待叶子半干,用小狼毫蘸浓墨画叶脉,再画两朵黄瓜花,以增加画面的层次感(图6-25)。

图6-19　　　　　图6-20　　　　　图6-21　　　　　图6-22

图6-23　　　　　　　图6-24　　　　　　　图6-25

(二)牵牛花

第一步,用大狼毫画叶子,蘸墨时,使笔从鼻尖到笔肚,由浓到淡,画三片叶子(图6-26);第二步,用小羊毫画喇叭花,调胭脂加曙红两种颜色,由重到浅地进行绘制(图6-27);第三步,在画面上点染一些未开的花苞(图6-28);第四步,用小狼毫画藤,使其缠绕在底部,待叶子半干,用小狼毫蘸浓墨勾勒叶脉,并画上花托(图6-29)。

图6-26　　　　　　图6-27　　　　　　图6-28　　　　　　图6-29

(三)菊花

第一步,用中狼毫勾勒出菊花的形状(图6-30);第二步,用中狼毫画叶子(图6-31);第三步,调颜色,用藤黄加少许花青给花瓣上色,用墨色勾勒出花托(图6-32);第四步,等叶子半干时,用小狼毫蘸墨勾勒叶脉和枝干(图6-33)。

图6-30　　　　　　图6-31　　　　　　图6-32　　　　　　图6-33

(四)梅花

第一步,用大狼毫勾勒出枝干(图6-34);第二步,用羊毫笔调胭脂加曙红画梅花(图6-35);第三步,用浓墨点出花芯和花托(图6-36)。

图6-34　　　　　　　　图6-35　　　　　　　　图6-36

（五）竹子

　　第一步,用大狼毫和小狼毫勾勒出竹子枝干,其中一支较粗,另一支较细(图6-37);第二步,用中狼毫画竹叶,要有浓淡变化(图6-38);第三步,用小狼毫画小枝干(图6-39)。

图6-37　　　　　　　　图6-38　　　　　　　　　　　　图6-39

二、动物

（一）瓢虫

　　第一步,用中羊毫画出瓢虫的身体(图6-40);第二步,勾勒瓢虫的头部、眼睛、触角(图6-41);第三步,勾出瓢虫的六只小脚(图6-42);第四步,待干时,用墨在外壳上点上七颗小黑点(图6-43)。

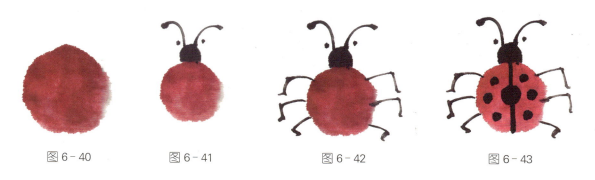

图6-40　　　　　　图6-41　　　　　　　　图6-42　　　　　　　图6-43

（二）青蛙

　　第一步,用羊毫蘸花青加藤黄,画青蛙的身体(图6-44);第二步,画青蛙的大眼睛和两只有力的后腿(图6-45);第三步,画青蛙的两只前腿(图6-46);第四步,等半干时,用小狼毫蘸墨勾勒青蛙身上的条纹(图6-47);第五步,用羊毫蘸花青加藤黄,画一只蹲着的青蛙的身体(图6-48);第六步,画这只青蛙的两只有力的后腿(图6-49);第七步,再画出青蛙的两只前腿(图6-50);第八步,等半干时,用小狼毫蘸墨勾勒青蛙身上的条纹(图6-51);第九步,两只活泼可爱的小青蛙就完成了(图6-52)。

图 6-44　　　　　　　图 6-45　　　　　　　图 6-46

图 6-47　　　　　　　图 6-48　　　　　　　图 6-49

图 6-50　　　　　　　图 6-51　　　　　　　图 6-52

(三) 金鱼

　　第一步,用墨色画金鱼的身体,要有虚实变化,由重到浅(图 6-53);第二步,用侧峰勾勒金鱼的尾巴(图 6-54);第三步,用墨色画出金鱼的鱼鳍(图 6-55);第四步,用墨色画金鱼的大眼睛和嘴巴(图 6-56);第五步,用曙红加胭脂画第二条金鱼的身体,要有虚实变化,由重到浅(图 6-57);第六步,用颜色勾勒第二条金鱼的尾巴(图 6-58);第七步,用曙红画第二条金鱼的大眼睛和嘴巴(图 6-59);第八步,用墨色点出第二条金鱼的眼睛,用颜色画出金鱼的鱼鳍(图 6-60);第九步,两条活泼的小金鱼就完成了(图 6-61)。

图 6 - 53　　　　　　　图 6 - 54　　　　　　　图 6 - 55

图 6 - 56　　　　　　　图 6 - 57　　　　　　　图 6 - 58

图 6 - 59　　　　　　　图 6 - 60　　　　　　　图 6 - 61

（四）螃蟹

第一步，用大狼毫画螃蟹的身体（图 6 - 62）；第二步，用中锋勾勒出八条腿（图 6 - 63）；第三步，画上螃蟹的大钳子和眼睛（图 6 - 64）；第四步，用同样的方法，用稍微淡一些的墨色画出另一只螃蟹，最后在右边画些柳枝，一幅螃蟹图就完成了（图 6 - 65）。

| 图 6 - 62 | 图 6 - 63 | 图 6 - 64 | 图 6 - 65 |

(五)虾

第一步,用中狼毫画虾头(图 6 - 66);第二步,用笔画出虾身体和尾巴,由大到小、由浓到淡(图 6 - 67);第三步,用笔尖画出虾腿(图 6 - 68);第四步,用笔画出虾的前脚、须、眼睛(图 6 - 69);第五步,用稍淡的墨色画出虾的头、身体和尾巴(图 6 - 70);第六步,画出虾的腿,使其前长后短(图 6 - 71);第七步,画虾的前脚、须、眼睛(图 6 - 72);第八步,两只活蹦乱跳的虾就完成了(图 6 - 73)。

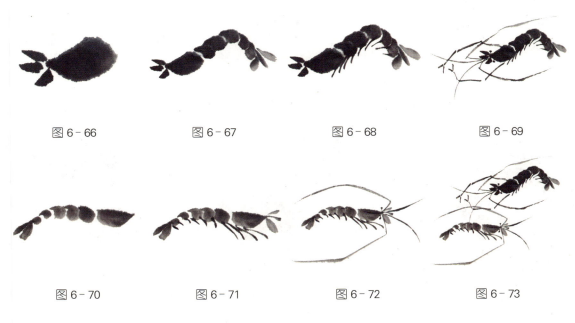

| 图 6 - 66 | 图 6 - 67 | 图 6 - 68 | 图 6 - 69 |

| 图 6 - 70 | 图 6 - 71 | 图 6 - 72 | 图 6 - 73 |

三、人物

(一)门神

第一步,先用小狼毫蘸墨描绘出门神的脸部和胡子(图 6 - 74);第二步,勾勒出脸上的图案和帽子(图 6 - 75);第三步,勾勒出身体及衣服上的花纹(图 6 - 76);第四步,用羊毫开始上色,用赭石涂染肤色,用胭脂、藤黄和三青为帽子与脸上的花纹上色(图 6 - 77);第五步,用藤黄给门神的衣服大面积上色,用少许胭脂和三青为衣服边缘上色(图 6 - 78);第六步,用三绿、三青等给衣服上色,一幅门神图就完成了(图 6-79)。

图 6-74　　　　　　　　　图 6-75　　　　　　　　　图 6-76

图 6-77　　　　　　　　　图 6-78　　　　　　　　　图 6-79

(二)穿新衣服的小女孩

　　第一步,用狼毫线勾勒出小女孩的脸部、脖子和衣领(图 6-80);第二步,画头发(图 6-81);第三步,勾勒出小女孩的衣服、裙子和手(图 6-82);第四步,用羊毫蘸赭石的颜色给脸部和手部上色,待干时,用淡淡的胭脂给小女孩的脸颊和手指关节上色(图 6-83);第五步,用三青给小女孩的裙子上色(图 6-84);第六步,用紫色给小女孩的衣服上色,穿新衣服的小女孩的作品就完成了(图 6-85)。

图 6-80

图 6-81

图 6-82

图6-83

图6-84

图6-85

(三)脸上有胡碴的爸爸

第一步,用小狼毫把爸爸的脸和眼镜勾勒出来(图6-86);第二步,画上短短的头发(图6-87);第三步,给爸爸画上一件格子衬衣(图6-88);第四步,用羊毫蘸赭石给脸部和脖子上色,待半干时,用花青给爸爸脸上的胡碴上色(图6-89);第五步,用淡淡的胭脂给爸爸脸颊和嘴巴上色,用紫色给爸爸的格子衬衣上色,最后用三绿给扣子上色。这样一个脸上有胡碴的爸爸的作品就完成了(图6-90)。

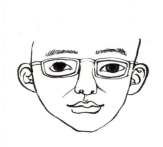

图6-86

图6-87

图6-88

图6-89

图6-90

本章小结

在这一章中,我们向大家介绍了中国画的相关知识,包括其定义、分类以及笔墨技法等。通过学习中国画,同学们能够了解我国传统绘画的基础知识,并有机会尝试运用不同的绘画工具和材料。在学习的过程中,同学们不仅能体验新的描绘方式,还能丰富自身的视觉和触觉感受。此外,儿童中国画的学习还能提升同学们的审美意识,使其充分感受我国传统文化艺术的博大精深,进而在学习中发现并享受其中的乐趣。

教学做合一

熟悉并掌握中国画的基本技法:尝试用毛笔练习用不同的墨色(浓、淡、干、湿)渲染简单的物体,如小昆虫、植物叶子等。

创作一幅结合现代元素和传统中国画技法的作品,在作品中表达个人的情感或故事,如家庭、学校生活等。

选择几幅中国画作品,分析其美学特点和技法运用,提升自我的审美与评价能力。

第七章

简笔画

· 目标与导读 ·

● 了解：简笔画的概念与种类，以及它在学前美术教育中的地位和作用。

● 理解：简笔画不同类型的制作原理。

● 掌握：简笔画的各种表现手法，不同简笔画类型的制作和运用。

● 应用：学会独立设计和制作简笔画，能够结合学前儿童的身心特点展开教学。

几根线条就可以把一个水壶画得惟妙惟肖,寥寥几笔就能让一只小鸟栩栩如生。这种简笔画创作并不需要复杂的工具材料,只需要一支铅笔或者一支水彩笔,就可以轻松完成一幅极富魅力的简笔画作品。这正是简笔画创作的最基础的形式,也是其核心技法所在。然而,简笔画的世界远不止于此。除了这种常见的绘画形式,还有更多的创作手法等待我们去探索。本章将带大家进入简笔画创作的世界,一起观摩和学习更多的创作方式。

第一节　概　　述

简笔画是视觉艺术的一个重要门类。简笔画是运用简洁洗练的线条与笔画,高度概括物体的造型,以简明扼要的方式表情达意的一种绘画方式。简笔画不仅是一种实用性很强的通俗艺术形式,而且凭借其精练概括、简中求美、以少胜多的艺术思维和造型理念,可以灵活运用多种艺术造型形式,给人以精神的审美享受(图7-1)。

图7-1　房间一角

从古代壁画、岩画、陶器中的绘画,到古今中外的各类艺术品中,我们都可以看到简略概括的形象设计和创造。这些类似简笔画的绘画形式,不仅展现了作画者的创造力,还能给人以审美感受,同时具有很高的实用价值(图7-2)。

图7-2　壁画、岩画、陶器

简笔画独特的艺术特性与儿童的身心发展特征高度契合。它能够开发儿童的形象思维、个性思维和创造性思维,并有助于培养儿童的审美素养。正因如此,简笔画教育很早就受到了各国儿童美术教育家的重视。在许多国家,中小学和幼儿园都开设了简笔画课。如美国、日本、德国、英国、法国、意大利等国家的简笔画教育各具特色。所以,简笔画在儿童美术教育中的作用变得越来越重要(图7-3)。

图7-3　简笔画创意作品

第二节　简笔画的基本类型

简笔画的分类是多种多样的。例如,根据绘画对象的不同,简笔画可以分为人物类、动物类、植物类、风景类;根据绘画方式的不同,简笔画可以分为骨线式、廓线式、影像式、线形色块结合式、水墨式;根据使用材料和工具的不同,简笔画可以分为铅笔简笔画、水墨简笔画、电脑简笔画等(图7-4)。

图7-4　不同类型的简笔画

此外,根据表现方法的不同,简笔画可分为象形式、示意式、叙事式和说理式四种基本类型。在这里,重点介绍这四种类型的简笔画。

一、象形式简笔画

象形式简笔画是指用相关形象表示具体事物或抽象概念的图画(图7-5)。

二、示意式简笔画

示意式简笔画是指用简单的符号或形象,象征性地表示事物的状态、联系及变化等意义的图画。它突出事物之间的内在联系和整体状态,使之一目了然,可使儿童从中更清楚地认识相关的事物(图7-6)。

图 7-5 象形式简笔画

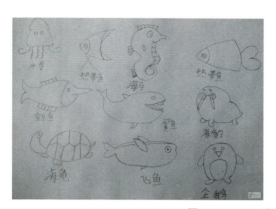

图 7-6 示意式简笔画

三、叙事式简笔画

叙事式简笔画通过表现角色活动和故事情节,生动地展现画面内容。它有单幅和多幅连环组合两种形式。例如,图 7-7 的创作者用直观的动物形象,简要叙述了故事的情节与发展,使故事清晰、易懂且生动有趣。

四、说理式简笔画

说理式简笔画是用于说明事物道理,揭示客观规律的图画。由于这类图画结合了学科教学内容,通过使用这种直观的图画进行教学,能够帮助学生更轻松地接受和理解知识(图 7-8)。

图 7-7 叙事式简笔画

图 7-8　说理式简笔画

第三节　简笔画的材料及工具

简笔画的材料丰富多彩。创作者可以根据需要选择不同的载体和工具。在载体方面，简笔画可以绘制的材料有素描纸、彩色卡纸、硬纸板、木板、黑板等。在绘图工具方面，创作者可以根据简笔画的内容、形式，选用 2B 铅笔、彩色铅笔、彩色水笔、钢笔、毛笔、水粉笔、油画棒、粉笔等。此外，根据绘画的具体要求，创作者可灵活运用水粉颜料（或浓缩广告画颜料）、墨水、调色盒、小夹子、水桶等辅助材料（图 7-9）。

图 7-9　简笔画的材料

接下来,我们以彩色铅笔、彩色水笔、油画棒与黑板简笔画为例,简单介绍这些材料的主要特点。

一、彩色铅笔的特点

彩色铅笔的外形与铅笔相似,笔芯由彩色铅制成。绘画时,握笔方式较为灵活,可选用写字的方法,也可选用素描执笔的笔法。

彩色铅笔的笔头尖细,可以细腻地表现对象,还可以借助橡皮改错或划出白印,这些特性使其更便于幼儿使用。

彩色铅笔能很好地表现色彩深浅变化(图7-10)。其线条的轻重与色块的深浅,主要取决于使用者的用力程度。

图7-10　彩色铅笔简笔画

二、彩色水笔的特点

彩色水笔色彩艳丽,纯度较高,对比强烈。使用时执笔灵活,绘画时通常采用写字的握笔方式。单色勾线能使物象清晰明确,涂色时多用平涂方式,使颜色均匀分布(图7-11)。

图 7-11　彩色水笔简笔画

三、油画棒的特点

　　油画棒的色彩明确,笔触粗犷,适合表现较大的画面。握笔时可采用素描执笔法。油画棒的绘画技法丰富,表现力较强,非常适合幼儿使用(图 7-12)。

图 7-12　油画棒简笔画

四、黑板画材质的特点

黑板简笔画是幼儿教师教学中常用的绘画形式之一。教师能够运用粉笔,直接在黑板上画出幼儿喜爱的形象。这种绘画方式不仅能增强幼儿的学习兴趣,还能促进幼儿形象思维的发展,从而对教学效果产生积极影响(图 7 - 13)。

图 7 - 13 黑板简笔画

黑板简笔画的工具简单易得,技法较为单纯,但表现力强,适用范围广。创作者可以根据不同的绘画类型和创作方式,选择合适的材料和工具。

第四节 简笔画的基本造型规律

儿童画画本无定法,但是教师在指导儿童作画时应该是要有一定方法的。简笔画的特点主要集中体现在"简"字上,其中形象的简洁与鲜明是关键。如何在造型上做到从简求简,是简笔画需要重点解决的问题。

简笔画主要运用基本形这种造型语言表现物体形象。基本形具有二维性、抽象性、简洁性等特点,因此在造型上有很强的概括力和包容性。同一基本形可以表现出千姿百态的形象,而同一物体又可以用不同的基本形来造型。简笔画仅使用方形、三角形、圆形等基本形,就可以表现出千姿百态的各种形象。

一、用方形概括和表现物体形象特点

方形包括正方形、菱形、梯形,它们都具有棱角分明、对称平整等特点。许多物体本身就具备这些形态特征。因此,凡是用直线构成四边外框轮廓的物体,都可以用方形来表现其形象(图 7 - 14)。

图 7 - 14　方形简笔画

二、用三角形概括和表现物体形象特点

三角形有等腰、等边、直角、钝角、锐角等多种形式。当三角形平放时,它具有稳定性;而倒置时,则会给人一种运动感或不稳定的感觉。在客观世界中,许多物体的形象呈现为三角形状态。例如,许多建筑物为了求得平衡,常常采用三角形的构图方式(图 7 - 15)。

图 7 - 15　三角形简笔画

三、用圆形概括和表现物体形象特点

圆形包括正圆、椭圆、同心圆、相交圆、相切圆等多种形式。圆形是一种看似简单,实则奇妙的形状。在日常生活中,我们常见的圆形有太阳、篮球、苹果、橘子等。此外,像葫芦、茶壶、帽子等也可以看作是由圆形经过变形或组合而成的(图7-16)。

图7-16 圆形简笔画

四、用单线概括和表现物体形象特点

通过单线勾勒物体的主要框架或轮廓,并在画面上体现物象特征的重要细节,这是最简练的表现物象的形式(图7-17)。

图7-17 单线条简笔画

五、用方形、三角形、圆形组合概括和表现形象特点

简笔画的造型方法给了我们一个重要的提示：通过集中简单的基本形，如方形、三角形、圆形等，并进行千变万化的拼接组合，可以创造出许多自然物象。不同形状之间的组合与概括，能够产生全新的奇妙形象(图 7-18)。

图 7-18　几何形组合简笔画

在儿童美术教育中，教师应针对具体的简笔画类型，利用不同的表现方法指导儿童学习和制作多种简笔画效果，从而激发儿童对简笔画的兴趣，提升他们对不同简笔画类型的理解和表现力。

第五节　简笔画的材料运用

我们在本章第三节已经介绍了简笔画的材料及工具。简笔画的材料非常丰富，其创作手段也是多种多样。面对如此丰富的创作材料和多种多样的创作手段，我们应该如何选择和运用简笔画的材料呢？

一般来说，主要是根据简笔画材料的特性和创作者的创作需求进行针对性的材料选择。这种选择主要取决于创作者对客观对象形体形态的自我感受、想要表现的表现手法以及自身习惯的创作风格等。这些因素共同决定了选用哪些简笔画材料以及如何运用这些材料。

下面以三个简笔画的创作为例，来讲解如何有针对性地选择材料，并合理地进行运用。

一、以少数民族的人物照片为绘画对象为例

如果创作者需要创作一幅画面细腻、层次丰富、形体准确的人物图像(图 7-19)，彩色铅

笔便是理想的主要材料。为了更好地完成创作,可以选择 150 克的八开素描纸张、软橡皮、四开画板、直尺等辅助工具(图 7-20)。

图 7-19　绘画对象

图 7-20　材料与工具

(1)首先将八开素描纸用摁钉固定在画板上(图 7-21)。

(2)用直尺在八开素描纸上画出绘画区域(图 7-22)。

图 7-21　固定画板

图 7-22　勾勒区域

(3)斜握彩色铅笔,轻轻勾勒出想要创作的简笔画形体轮廓。对画得不准确的地方,先用橡皮轻轻擦除,再用彩色铅笔重新勾勒(图 7-23)。

(4)正手握笔对人物进行绘制。握笔的方法灵活,既可选用写字时的握法,也可选用素描执笔笔法。这两种方法都可以将人物的轮廓形体清晰准确地表现出来(图 7-24)。

(5)处理画面的细节,如人物的五官、衣服的花纹等。可以将彩色铅笔削尖,以便细腻地表现对象。同时,利用橡皮改错或划出白印,以增加画面的层次感和表现力(图 7-25)。

(6)对彩色铅笔简笔画进行整体处理。根据彩色铅笔的特性,通过控制用力的大小来表现线条的轻重与色块的深浅。经过整体处理,一幅少数民族人物的彩色铅笔简笔画就完成了(图 7-26)。

图 7-23 起形

图 7-24 五官塑造

图 7-25 细节刻画

图 7-26 作品完成

二、以《春天来了》为例

这是一幅名为《春天来了》的简笔画作品(图 7-27)。这幅作品色彩明确,笔触粗犷,画面富有表现力,是用油画棒来创作的。油画棒能很好地表现较大画面的生动感。为了完成这幅作品,创作者可以选择油画棒为主要材料。同时,还需要准备一些辅助材料,包括 150 克的八开素描纸张、2B 铅笔、软橡皮、四开画板、小刀、竹笔、直尺等(图 7-28)。

图 7-27 简笔画作品《春天来了》

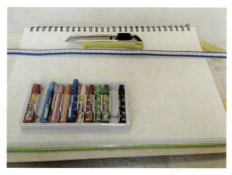

图 7-28 材料与工具

（1）首先将八开素描纸用摁钉固定在画板上。

（2）用直尺在八开素描纸上画出绘画区域。

（3）创作者可以根据自己的需要,选择不同的工具来勾勒画面的轮廓。例如,创作者可以斜握 2B 铅笔,勾勒出人物、大树、草地、动物的形体轮廓,也可以直接用彩色铅笔或油画棒进行形体轮廓的直接勾画,从而将这些物象的轮廓形体表现得清晰而准确(图 7-29)。

（4）大面积上色。创作者握笔可选用素描执笔法,依次绘制天空、人物、大树、小鸟等元素。在绘画过程中,需注意色彩间的搭配,尤其是绿草的层次要进行区分(图 7-30)。

图 7-29 起形

图 7-30 刻画

（5）在上色过程中,创作者还要注意用笔的方向和用笔的方式。例如,为小草上色时,可根据小草生长的方向进行色彩描绘(图 7-31);在绘制云朵时,可以通过留白的方式表现其轻盈;而在绘制人物肤色时,则可以采用均匀的平涂方法,使肤色看起来自然协调。

图 7-31 为小草上色

（6）在画面的细节的处理上,创作者可以使用竹笔或细竹片削尖来细腻地表现这些对象,如树叶的轮廓、小鸟的羽毛、蜗牛的轮廓等。此外,还可以用刀片划出白印,这种方法不仅效果显著,而且使用起来快捷方便(图 7-32、图 7-33)。

（7）根据油画棒的特性,创作者可以通过控制用力的大小来实现线条的轻重与色块的深浅,也可以通过色彩叠加交错,营造出色彩厚重的效果。在油画棒简笔画整体处理上,创作者可以反复调整画面,对细节针对性刻画,从而使作品达到色彩厚重、画法丰富且表现力较强的效果。这样,一幅色彩明确、笔触粗犷的油画棒简笔画作品就完成了(图 7-34)。

图 7 - 32　细节处理 1

图 7 - 33　细节处理 2

图 7 - 34　作品完成

三、以多材料绘制作品为例

图 7 - 35　简笔画作品《斑马的快乐生活》

　　创作者在创作简笔画时不必局限于单一材料,大胆尝试多种材料的混搭往往会带来意想不到的效果。这是一幅用多种材料绘制的简笔画作品《斑马的快乐生活》(图 7 - 35)。这幅简笔画,笔触或粗犷或细腻,笔刷或轻快或厚重,色块或湿润或干涩。这些丰富的艺术效果仅靠一种绘画材料是难以实现的,因此创作者需要综合运用多种材料来完成创作。创作者可以选择油画棒、水粉、彩色铅笔、树叶、纽扣等作为主要材料。同时,还需准备一些辅助材料,如150 克的八开素描纸张、2B 铅笔、软橡皮、海绵、四开画板、喷壶、小刀、竹笔、直尺、水桶等。

　　(1)首先将八开素描纸用摁钉固定在画板上。

　　(2)用直尺在八开素描纸上画出绘画区域。

　　(3)创作者根据自己的需要,对斑马的形体轮廓进行勾勒。

　　(4)斑马的身体以鲜明的黑白条纹为特征,线条简洁流畅。创作者可以用彩色铅笔来细致刻画斑马的条纹。

（5）斑马的鬃毛细腻丰富，创作者在绘制时要注意色彩搭配，特别是对鬃毛的层次要进行细致刻画（图7－36）。

（6）大面积上色。创作者握笔可选用水彩的湿润画法，对天空、云朵进行大面积绘制，同时注意色彩之间的衔接与过渡（图7－37）。

图7－36　细致刻画

图7－37　背景描绘

（7）在绘制草地时，创作者可以尝试使用水粉颜料搭配硬笔刷上色。在上色过程中，创作者需要考虑用笔的方向和方式。例如，在为小草上色时，可以根据小草生长的方向进行水粉铺色（图7－33）。

（8）创作者可以通过拼贴的方式来绘制小树和房子，这样能够让整个画面看起来更加生动（图7－39）。

图7－38　草地描绘

图7－39　丰富画面

（9）在对画面的细节的处理上，如小草的轮廓、斑马的鬃毛、树干的细节等，创作者可以使用竹笔或细竹片削尖进行细腻地描绘。此外，还可以用刀片反复刮擦，制造出刮痕的效果（图7－40）。

（10）创作者通过反复调整，使这幅简笔画的色彩更加厚重，画法更加丰富，表现力更为强大。同时，创作者对细节进行认真细致的打磨，最终达到了理想的效果。这样，一幅别具一格的混搭式简笔画作品就完成了（图7－41）。

图 7-40 细节处理

图 7-41 作品完成

第六节 简 笔 画 创 编

一、创编中的构图设计

构图是将创作者头脑中的构思,通过绘画的方式,按照其想法,将各种元素组合成一个具体画面的过程。常见的平面构图形式,主要有并列式、剖面式、均衡式、散点式、梯形、圆形等(图 7-42)。

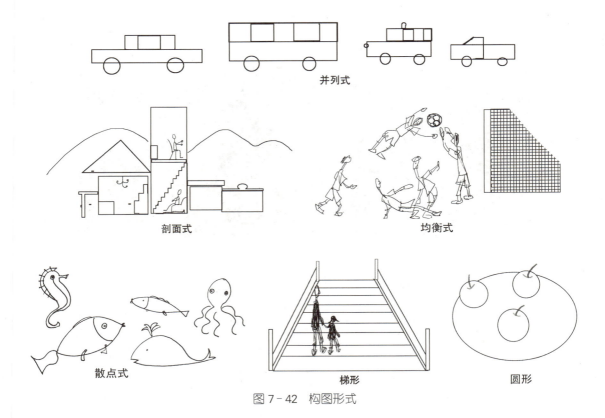

并列式

剖面式

均衡式

散点式

梯形

圆形

图 7-42 构图形式

二、创编中的形象表现

形象是画面的核心组成部分,主要包括动物、植物、静物、自然界、抽象元素等。形象的表现风格有写实的、夸张的、抽象的,甚至自我表现的。不管选用何种方式来表现,都是由创作者根据所要表现的内容与形式来决定的。

三、创编中的色彩运用

色彩是指阳光赋予世间万物的绚丽颜色,主要包括红、橙、黄、绿、蓝、紫等。人们可以根据世间万物的实际色彩进行描绘,也可以根据自己的爱好重新组合色彩,创造出自己喜欢的画面效果。我们常采用的是同类和谐的颜色、冷暖互补的颜色、纯度差异的颜色、明度差异的颜色等(图 7 - 43)。

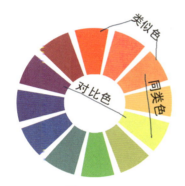

图 7 - 43　色环

图 7 - 44　儿歌《长颈鹿》

四、创编的方法与步骤

我们以一首儿歌《长颈鹿》(图 7 - 44)为例,来讲解一下创编的方法与步骤。

(一)构图

在构图上,首先要确保主要表现的形象完整且突出,通常将其安排在画面中间位置,也就是构图的中景部分。在这幅儿歌创编作品中,长颈鹿为主要表现对象(图 7 - 45、图 7 - 46)。

图 7 - 45　构图

图 7 - 46　勾画出长颈鹿

其次，主角附近的陪衬物需要表现得充实、仔细，这些都是为了突出主角而设置的。在这幅儿歌创编作品中，陪衬物就是长颈鹿的小伙伴——小鸟（图 7-47）。

再次，远处的背景需要简单概括，处理得相对模糊。背景有时是涉及具体内容的，但更多时候是为了衬托主角，也就是构图中的远景部分（图 7-48）。

图 7-47　勾画长颈鹿的小伙伴——小鸟

图 7-48　背景描绘

（二）形象表现

在形象表现方面，要注意通过夸张突出角色的特征。比如，可以夸张表现长颈鹿脖子的细长与小鸟的圆胖（图 7-49）。

（三）形象的拟人化

在形象的拟人化方面，要注意赋予角色人的情感和性格，能将观众自然地带入童话世界，而不仅是简单地给动物配上人的身体或穿上人的衣服（图 7-50）。

图 7-49　突出角色特征

图 7-50　形象的拟人化

（四）色彩运用

在色彩运用上，要分清客观色彩与主观色彩，根据画面情节和形象进行相互衬托的色彩处理，做到色彩搭配合理、色彩鲜明。例如，黄色的长颈鹿与天空的蓝色形成强烈对比，明快而不突兀（图 7-51）。

图 7-51　色彩运用

 **本章小结**

　　在这一章中,我们为大家介绍了简笔画的概念,以及多种制作简笔画的方式和方法,涵盖彩色铅笔简笔画、彩色水笔简笔画、油画棒简笔画和综合材料简笔画等多种形式。通过学习简笔画,同学们有机会尝试运用不同的工具、材料和制作手法,从而丰富他们的视觉、触觉和审美经验,让他们充分享受美术活动带来的乐趣。

　　简笔画凭借其独特的艺术形式和特点,在儿童美术教育中发挥着其他艺术形式不可替代的作用。然而,要做好儿童简笔画教育,仅仅掌握一些基本制作知识和技法是不够的。它更需要有一套科学的教育方法,充分挖掘儿童身上的艺术潜能。这就需要教师不能只把简笔画当作一门简单的绘画课,而应将其作为全面实施素质教育的重要切入点。教师要用自己的爱心、热心、耐心和决心去探索和创新,引导儿童在简笔画实践活动中形成基本的美术素养,并陶冶高尚的审美情操。

教学做合一

　　随着社会的进步和发展,许多新技术和新材料被广泛运用到各行各业,请你思考在简笔画创作中,除了本章提到的方法和工具外,还有哪些创新的方式和手段可以探索。

第八章

版式设计

· 目标与导读 ·

● 了解:版式设计在幼儿园教学活动中的重要性。

● 理解:版式设计是将多种视觉传达元素,按照某些特定功能、内容、审美法则和人们的视觉经验进行编排设计的一种视觉表达形式。

● 掌握:手绘版面设计的方法,手绘字体设计的要点,手绘板报的详细步骤和过程。

● 应用:结合本专业特点,能够独立设计和制作手绘板报。

版式设计是学前教育美术专业的必修主干课程,旨在培养学生动手、动脑的习惯,激发他们的创新意识和创造能力。在我国,大部分幼儿园的环境创设主要由本园教师来完成。因此,学前教育专业的学生作为未来的幼儿教师,必须具备一定的审美素质和扎实的美术基本功,以便能够将所学知识更好地运用到教学活动工作中。

第一节　概　　述

一、版式设计概述

艺术的本质在于创造具有愉悦性的美的形式。

版式设计是将文字、图形、色彩等设计元素在限定的版面中进行合理编排和设计的过程。作为一种平面艺术形式,版式设计的艺术性体现在遵循美的原理,将对称与均衡、节奏与律动、对比与调和、秩序与变异、虚实与留白等形式美法则运用于版面之中,使版式布局更加丰富、新颖、美观、合理且富有个性(图8-1至图8-2)。

图8-1

图8-1

手绘版式设计是一种通过手绘形式将画面中的图形、文字等视觉元素,进行绘制、书写和编排的设计方式。它具有画面简练、色彩鲜明、形式活泼等特点。在现代商业竞争中,手绘版式设计得到了广泛的运用。同时,手绘版式设计也逐渐走进幼儿园,成为幼儿教师经常使用一种设计方法(图8-3至图8-8)。

图8-3

图8-4

图8-5

图8-6

图8-7

图8-8

手绘版式设计作为幼儿园环境创设中一种有效的直接表现形式，不仅用于美化环境、创造环境，更是素质教育中一种行之有效的方式。这种设计形式艺术感染力强，能够契合环境主题内容的需要，让儿童印象深刻并乐于接受。所以，手绘版式设计在幼儿园教育中受到越来越多的关注，成为幼儿教师常用的宣传与教学的有效手段。

二、版式设计的工具与材料

手绘版式设计的工具与材料丰富多样。在这里，我们仅简单介绍几种常用的工具：马克笔、彩色铅笔、彩色粉笔、平笔，以及水粉颜料和纸张等。

（一）笔

1. 马克笔

（1）马克笔的笔头形状多样，常见的有方尖形、宽平形、圆头形（图 8-9）。

图 8-9　马克笔

方尖形：笔头的形状呈斜切式的平行四边形，使用时笔端与纸面接触时呈 60°角。

宽平形：笔头呈宽平状，适合描绘大型字体。

圆头形：笔头呈圆弧状，与纸垂直接触时呈圆形，线条粗细均匀，容易掌握。

（2）马克笔按其性质，可以分为油性马克笔、水性马克笔和酒精性马克笔。

油性马克笔：笔杆上标有油性、快干性、耐水性等字样。书写后有速干的效果，笔内颜料用完可继续添加，颜料有刺激性气味。由于速干效果好，比较适合初学者使用。

水性马克笔：笔杆上标注有水性或者可溶性字样。书写后干燥的速度相对比较慢，颜料遇水后会溶解（图 8-10）。

酒精性马克笔：常用于光面书写和绘画，并具有速干、防水、环保等特点。其主要成分包括染料、变性酒精、树脂和墨水。使用时需注意远离火源、保持良好通风，并避免长时间日晒。

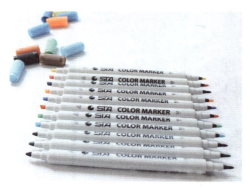

图 8-10　水性马克笔

图 8-11　彩色铅笔

2. 彩色铅笔

彩色铅笔是手绘版式设计的辅助工具,常用于配合插图制作或者与其他材料混合使用,以增强手绘版式的画面效果。彩色铅笔常见的套装有 12 色和 24 色两种(图 8-11)。

3. 彩色粉笔

彩色粉笔是手绘版式设计的辅助工具,常见的形状有棒形、圆形、笔形三种。彩色粉笔有硬有软,这取决于笔芯中胶质的含量。胶质含量少的铅笔质地较软,色彩饱和度高;反之胶质含量多的铅笔质地较硬,色彩饱和度低(图 8-12)。

4. 平笔

平笔是手绘版式设计的辅助工具,通常被称为扁头水彩笔。它能够直接绘制出比较平整的直线(图 8-13)。

(二)水粉颜料

水粉颜料是手绘版式设计的辅助工具之一,常用于为海报上色(图 8-14)。

图 8-12　彩色粉笔

图 8-13　平笔

图 8-14　水粉颜料

(三)纸张

手绘版式设计通常用铜版纸和白板纸作为绘画的基础纸张。在幼儿园教育活动中,也可以使用一般的绘画纸作为替代(图 8-15)。

图 8-15　纸张

第二节 手绘版式设计字体的书写原则及规律

一、书写原则

在手绘版式设计中，书写字体应遵循字体的基本规律，这样书写起来才能更加得心应手。运笔基础在于"米"字的八个方向。描边时，应遵循右下左上的原则。书写时要注意以下几点：一是横平竖直，斜划也是如此；二是运笔时，笔杆朝着笔画前进的方向，与纸张保持约60°的倾斜角；三是运笔要稳，力道均匀，以确保线条匀称、丰满且笔直；四是避免用力过猛，防止笔尖拖不动或墨水晕开。（图8-16）

图8-16 马克笔的使用方法

握笔练习如下：
一是横书写练习（图8-17）。
二是直书写练习（图8-18）。

 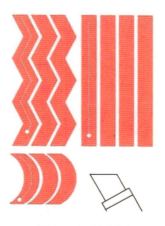

图8-17 横书写　　　　图8-18 直书写

二、字体规律

手绘版式设计所用到的字体种类繁多。这些字体按照其特点和用途，可分为基础字体、变形字体和创意字体。

（一）基础字体

基础字体是手绘版式设计字体里最基础的字体，其他的手绘字体都是由基础字体演变而成的。所以，学习手绘字体的第一步就是要先学习基础字体。基础字体主要包括正体字、活体字、细体字和软体字。

1. 正体字

字体呈正方形，笔画以横、竖、斜为主，几乎没有圆滑的笔画；书写时要尽量把格子写满，做到上下顶头、左右碰壁。由于汉字可以竖写也可以横写，因此行距要大于字距，甚至可以不留字距，以便于他人阅读（图 8 - 19）。

2. 活体字

字体呈倒梯形，字体结构活泼，字形左高右低、上宽下窄。字体的大小随笔画的多少而定，笔画多的字大，反之字小。对于左右结构及半包围结构的字，要缩短偏旁部首的高度（图 8 - 20）。

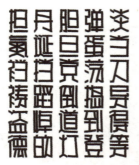

图 8 - 19　正体字　　　　　　　图 8 - 20　活体字

3. 细体字

字体呈正方形，用细笔书写。撇和捺要拉直，转折的地方要写成直角。这种字体常用于海报的正文部分（图 8 - 21）。

4. 软体字

字体呈倒梯形，横笔画向上翘起，第一笔横笔画较粗；竖笔画则细且向右弯曲，笔画收尾处要细。这种字体风格细腻柔和，属于比较古典传统的风格，能够为海报增添丰富的内涵和文化气息（图 8 - 22）。

图 8-21 细体字

图 8-22 软体字

（二）变形字体

变形字体是在基础字体的基础上进行创意性改变，使其更加生动和活泼。通过巧妙运用不同的变形字体，可以为海报增添魅力，使其更加生动。常见的变形字体主要包括圆弧字、圆头字、圆角字、卷曲字、扩口字、打点字等。

圆弧字：一般将文字的"口"部进行圆弧处理（图 8-23）。

图 8-23 圆弧字

圆头字：一般在字体笔画两端设计成一个小半圆，使其成为一个圆头效果（图 8-24）。

图 8-24 圆头字

圆角字：一般在文字的转折处进行圆弧处理，使其成为一个圆角（图 8-25）。

图 8-25 圆角字

卷曲字：一般在文字的"竖""捺""点"等笔画上设计出卷曲效果（图 8-26）。

图 8-26 卷曲字

扩口字：一般在文字的"口"部进行夸张，扩大处理（图 8-27）。

共同打造幸福新生活

图 8 - 27 扩口字

打点字：一般在文字"点"的笔画上设计出变形效果，如处理成水滴的形状（图 8 - 28）。

我们都是手绘爱好者

洗浴中心今天半价啦

图 8 - 28 打点字

（三）创意字体

创意字体的书写主要通过铅笔起稿、记号笔描绘轮廓、水性马克笔进行上色处理等步骤来完成。在绘制过程中，可以融入卡通元素来对笔画进行创意，使其更加具有视觉冲击力。通过字体装饰能够进一步强化视觉效果，美化文字，使字体更加精美且富有个性，进而吸引人们的注意力。常见的创意字体类型主要包括胖胖字、棱角字、木头字、卷尾字、立体字等。

1. 胖胖字

从字面上理解，胖胖字就是笔画写得圆圆滚滚且字体结构显得胖胖的字体。它可以先把字体设计成空心样式，再进行加粗处理，使其看起来"胖胖"的，因此被形象地称为胖胖字。此外，我们还可以将一些图形、图案和人的五官等融入胖胖字体的设计之中，使其更具有生命力和亲和力。胖胖字因其可爱且富有趣味性的特点，深受设计者喜爱（图8 - 29）。

图 8 - 29 胖胖字

胖胖字的书写技巧主要有以下两种：椭圆组合法与遵循笔画遮挡原则。

一是椭圆组合法。胖胖字的设计可以将每一个笔画当成一个椭圆结构，再将这些椭圆形按照文字的基本结构拼接到一起（图 8 - 30）。

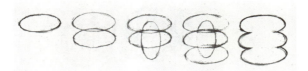

图 8-30 胖胖字书写技巧

二是遵循笔画遮挡原则。在设计时,通常遵循右边挡左边、下边挡上边、小面积挡大面积的原则。此外,为了识别方便,也可以根据字体的结构进行遮挡(图 8-31)。

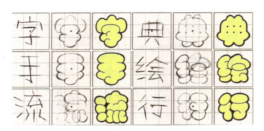

图 8-31 运用笔画遮挡原则设计字体

2. 棱角字

与胖胖字不同,棱角字的特点是字形棱角分明。棱角字的笔画可以归纳成一个梯形(图 8-32)。

图 8-32 棱角字

3. 木头字

木头字是通过将字体笔画处理成木板效果而形成的一种字体。在笔画相接处,有时还画上一些小钉子,营造出仿佛用木板钉出来的视觉效果,显得非常有趣。此外,还可以采用同样的设计思路,设计出铅笔字、钉子字等变形字体(图 8-33)。

图 8-33 木头字

4. 卷尾字

卷尾字是在胖胖字的基础上,又将字体笔画设计出卷尾效果的字体(图 8-34)。

图 8 - 34　卷尾字

5. 立体字

立体字是指将字体做立体效果处理，增强体积感的设计（图 8 - 35）。

图 8 - 35　立体字

此外，还有数字和字母的设计。数字在版式设计中主要用于传达信息，应简洁明了，避免过度装饰，以免干扰视觉（图 8 - 36）。

1234567890
1234567890
1234567890
123456789

图 8 - 36　数字

· 练一练 ·

课堂练习：

先从基础字开始临摹，等掌握其规律后，再延伸到变形字体和创意字体。

要求：熟悉每种字体的书写规律。

· 练一练 ·

课后练习：
　　目的：训练字体的结构和书写方法，掌握字体的特点，熟悉书写规律。
　　要求：设计 3 组符合幼儿心理的美术字体，要求具有创意性、趣味性。

第三节　版式设计的插图

一、版式设计的插图

插图在版式设计中具有重要意义。它以直观形象的方式瞬间被接受和评价，视觉冲击力比文字更强。俗话说"一图胜千字"，这并非指文字表达力弱，而是说明图形能超越文化、语言、民族等诸多差异。对有些用文字难以传达的信息、感受、思想，借助图形可迅速传达，起到说明和论证的作用。版式设计的插图具有从属性、独立性和装饰性等特点。

（一）从属性

插图自从诞生以来常受到一定限制，因为它不能脱离版面独立存在，而是依附于版面。其图形样式要与版面形式整体风格协调一致，这就是它的从属性（图 8-37）。

（二）独立性

虽说插图具有从属性，但也具有相对独立性，主要表现在其独立的欣赏价值上。插图虽然从属于文字，并按照文字的内容来绘制，但并不意味着只是对文字进行简单的说明（图 8-38）。

（三）装饰性

各种形象的插图对版面来说都是不可或缺的，起着装饰美化的作用（图 8-39）。如果一张版式全是文字而没有任何插图，往往会给人以单调乏味、缺乏活力的感觉。相反，如果在画面上加上几片云、一只鸟、一棵树等元素，不仅能吸引读者的注意力，还能提升作品的趣味性。

二、制作技法

在版式设计的编排过程中，插图的排版应合理且能吸引人们的注意。

在幼儿教育中，版式设计的插图一般以简笔画、卡通漫画的形象为主，题材多为幼儿日常生活中常见的事物，这样更容易引起幼儿的注意与兴趣。

基本形体绘制方法：先用铅笔起稿，再进行勾画与上色。造型要求单纯且具有一定装饰性，风格从写实逐步过渡到抽象。轮廓处理与简笔画类似，以黑色为主，常用外粗内细的轮廓表现方式。勾画好形象轮廓之后，可用水性马克笔、彩铅或广告颜料进行平涂上色（图 8-40 至图 8-43）。

图 8-37

图 8-38

图 8-39

图 8-40

图 8-41

图 8-42

图 8-43

练一练

课堂练习:

内容:临摹本章给出的图片,随堂创作出一张简单的海报插画。

要求:以校园活动为主题创作 3 组 8 开的插画作品,要求线条流畅,形象夸张生动,色彩搭配协调。

第四节　版式设计的色彩搭配

色彩在版式设计中是最活跃的元素。作为一种形式语言,色彩可以直接将设计要表现的内容传达给观众。在色彩的各个要素中,色相是最具有视觉表现力的。在版式设计中,色相的性质和设计与所要表现的内容之间有着直接的联系。因此,色彩运用要从题材和内容出发,合理地运用色彩搭配版面,使版面更能吸引观众。通常,我们可以采用以下三种配色方法。

一、无色彩配色

任何一个颜色与黑色、灰色、白色搭配都称为无色彩配色。当找不到合适的颜色搭配时，可以考虑用黑色、灰色、白色来搭配，因为这种配色方法是最基础的配色方法。

（1）红色配黑色具有强烈的视觉引导效果，适合用于较酷、前卫的行业。

（2）红色配灰色显得稳重而高级，适合用于精品业、化妆品、服饰等行业。

（3）蓝色配白色属于大自然的配色，给人以清新的感觉，适合用于电脑资讯等题材。

可见，明度低的颜色配以白色，中明度的颜色配以灰色，高明度的色彩配以黑色。只要掌握这个配色原则，大家就可以自行运用搭配。

二、同类色配色

用相近的颜色相互搭配的配色方法就是同类色配色。这种配色能营造出柔和、贴心、可爱、温馨的感觉，适合用于婴儿用品、女士服饰、婚庆等行业。但是，在使用同类色配色时，需要注意所搭配的颜色明度不可太过相近，以免造成同一色系的困扰。此外，同类色配色的整体通常较为柔和，可能会在视觉吸引力上稍显不足。

三、对比色配色

对比色配色是指利用对比色来搭配，常用的对比色有红与绿、黄与紫、蓝与橙。对比色的配色方法能够给人带来前卫、鲜明、开朗且富有活力的感觉，适合用于时尚、运动等题材（图 8-44、图 8-45）。

图 8-44

图 8-45

· 练一练 ·

课后练习：

根据本节三种配色法制作一张适用于幼儿园的海报，要求海报尺寸为半开。

第五节　手绘版式设计的编排与结构

一、版式设计的编排原则

(一)主题鲜明突出

任何一种形式的版式编排，其目的都是将版面中的各种视觉元素，按照一定的主次关系和形式美法则进行有条理性的组织和排列，从而共同说明或表达一个问题或一种含义。也就是说，所有视觉元素必须要围绕一个视觉中心来突出设计主题或思想主题。

手绘版式存在一定的范围界限。在这个有限的空间内，如何提高其信息传达和情感传达的效率以及突出主题，便成为重中之重。这是因为一个鲜明的设计主题或视觉中心，不仅能为整个版面提供主角和重心，还能使各视觉元素有机地形成一个"团队"。更为重要的是，受众视线的快速定位和设计思想的强烈传播，均与其主题和中心的突出程度密切相关。所以说，主题与中心的突出不仅是一个位置的问题，而且是设计思想能否成功体现的关键。

(二)艺术性与装饰性

版面的装饰是由文字、图形、色彩等元素通过点、线、面的组合与排列而构成的，并运用夸张、比喻、象征的手法来体现视觉效果。它既能美化版面，又可以提升传达信息的效率。不同类型的版面采用不同的装饰形式，不仅起着突出版面信息的作用，而且能为读者带来美的享受。

(三)形式与内容统一

版式设计的前提是形式与内容必须相统一，应通过完美、新颖的形式来表达和突出主题。版式设计的构思与表达本身就是一种创作过程，但如果仅局限于纯粹的设计层面，其版式设计的整体质量无疑将会大打折扣，甚至缩短其生命力。形式依附内容而存在，好的形式不仅能够装饰和增强整个版画效果，还能使主题信息的传达更高效。

(四)整体与协调性

强调版面的协调性原则，即要强化版面中各种编排要素在结构和色彩上的相关性。通过文字和图片的整体协调编排，使版面具有秩序美、条理美，从而获得更好的视觉效果。

在具体的版式表现中，如果只追求局部的形式美感而忽视整体的协调统一，那么这样的版式设计是不成功的。虽然局部细节的塑造是整个版式的精彩所在,但过度的细节刻画容易导致版面零散、琐碎、花哨,甚至中心不突出。因此,我们必须在整体的调控中,把版式设计中的各元素进行有机融合,以实现整体与局部的和谐统一。

二、手绘海报的版式

(一)手绘海报的要点

1. 布局

在手绘海报设计中,信息的组织与布局是确保海报能够有效传达信息并吸引观众的关键。以下是两个重要的设计原则。

一是同类合并原则,强调对信息进行分类归纳,从而确定海报的中心内容。

二是邻近原则,强调版式设计中各类信息的编排,应根据信息级别进行布局。同一信息级别的编排元素尽量靠近,不同信息级别的编排则拉开一定的距离。

2. 分区

分区是版式设计中的重要步骤。通过明确图片区、标题区、正文区等编排元素在版面上的位置,可以清晰地界定它们的主次关系,以及黑、白、灰的视觉层次,进而完成整体布局。

(二)手绘海报的常用版式

一是标题在上,内容在下(图8-46)。

二是标题在下,内容在上(图8-47)。

图8-46　　　　　　　　　　　图8-47

三是标题居中,其他内容占半(图8-48)。

四是标题竖排靠左,其他内容靠右(图8-49)。

五是标题竖排靠右,其他内容靠左(图8-50)。

图 8-48

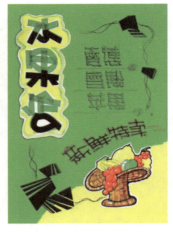
图 8-49

图 8-50

案例 手绘版式制作

第一步:构思与草图

根据海报主题确定版式风格与布局,用铅笔起稿(铅笔线条不要太重)(图 8-51)。

第二步:初稿

根据草图,从标题入手逐步绘制海报。这一步是海报成功与否的关键,要注意对海报整体有更深入的把握,若发现规划有问题应及时更改(图 8-52)。

第三步:略稿

在这一步,海报的整体基本定型,插图一般在该步骤完成。如果发现问题,就要用平时的经验和技巧进行补救(图 8-53)。

图 8-51 初稿

图 8-52 初稿

图 8-53 略稿

第四步:色稿

使用 POP 笔(一种用于手绘 POP 广告的专用笔)上色。由于 POP 笔是有宽度的,上色时笔触应整齐、均匀。此外,使用的 POP 笔的主要颜色最好不要超过 3 种(图 8-54)。

图 8-54　色稿

图 8-55　完稿

第五步：完稿

上完色后，再将其他信息补充完整，并从整体的角度对海报做一些调整和修饰，以确保各元素协调统一。这样，一张海报就完成了（图 8-55）。

练一练

课后练习：

内容：根据本节所学的内容，制作一张适合幼儿园孩子们的海报。

要求：主题自拟，每张海报规格为 4 开。

 本章小结

版式设计要求创作者在设计前必须对版面上所要传播的信息内容有深入细致的了解，并有选择性地选择信息，做到简明扼要地概况出主题。同时，创作者还需要对目标受众进行分类，研究其习惯和特点。例如，针对学前儿童的设计，教师就必须根据他的年龄特征和认知水平来进行构思与设计。此外，创作者的阅历、经验、艺术修养和对设计任务的理解程度，都对版式设计的质量有着重要的影响。因此，学习版式设计不是一朝一夕的事情，而是需要长期的积累和实践，才能真正地了解和掌握其精髓。

📑 **教学做合一**

　　在学前儿童美术教育中,手绘版式设计是一种重要的教学手段,能够有效提升儿童的审美能力和动手能力。根据儿童的年龄特征和视觉喜好,结合多样化的应用场景,运用手绘版式设计的规律和技法,开展字体或海报的手绘设计与制作实践,是实现这一目标的有效途径。请思考并实践如何为幼儿园大班的孩子们设计一个"我的幼儿园"海报。

第九章

泥工

● 了解：泥塑的可塑性强，对培养学生的空间思维能力有独特优势。

● 理解：热爱民族传统文化、提升审美素养的重要性。

● 掌握：泥塑的制作技巧和立体造型方法。

● 应用：未来在幼儿园中开展泥塑教学。

在学前教育专业中,泥工课程是一门传统手工技能课。通过对泥土的塑造,能够锻炼学生对形体的把握和塑造能力。随着学前教育课程改革的推进,对学前教育专业学生的泥塑教育提出了更高的要求。泥塑教学有助于激发学生的创造性思维,使其更好地理解和应用空间概念,建立空间思维方式。

第一节　概　述

一、泥工

从艺术史的角度来看,泥塑和陶塑是人类最早的造型方式之一,泥塑出现的时间甚至早于陶塑。二者的材料和成型方法基本相同,主要区别在于后期处理方式:泥塑通常是自然阴干,而陶塑则需入窑焙烧陶化。

在学前教育专业课程中,泥塑也称为泥工,是雕塑艺术的一种形式。民间泥塑或素或彩,寓意吉祥,多以人物、动物为主,俗称"彩塑"或"泥玩"。泥工造型生动含蓄,深受人们喜爱。其特点是利用自然黏土或可塑性较强的泥,通过手工及简单的工具进行立体造型。由于泥的可塑性强,创作者可以根据自己的意愿自由变形,为其艺术创作提供了广阔的空间。作为学前美术教育中的一个重要内容,泥工课程具有独特的艺术价值和教育意义。通过泥工课程,幼儿不仅能感受到中国传统的艺术美,受到美的教育熏陶,还可以培养他们的想象力、创造力,发展形象思维,提高立体造型能力。因此,泥塑工艺也被誉为"为孩子们制作的最好的礼物"。

二、泥工的演变与发展

人类智慧的生成和发展与人类对形态和形体的认识密切相关。这种关联不仅凸显了造型艺术在人类历史各个阶段的重要性,对个体的心智成长也有深远影响。人类生存的世界,是由各种大小、形状各异的物质所构成的。因此,对形态和形体的认知是人类理解世界的基础。现存人类最早的文化遗物大多为原始雕塑,它们不仅承载着早期艺术风貌,更是人类智慧和创造力的有力见证。

泥塑的发展是与人们生存的自然环境和生活习俗紧密相连的。自新石器时代之后,中国泥塑艺术一直没有间断,发展到汉代已成为重要的艺术品种。两汉以后,道教的兴起、佛教的传入、多神化的奉祀活动的流行,道观、佛寺、庙堂等纷纷兴建,这直接促进了泥塑偶像的需求和泥塑艺术的发展。到了唐代,泥塑艺术达到了顶峰。到了宋代,不仅宗教题材的大型佛像继续繁荣,而且小型泥塑玩具也发展起来。元代之后,历经明、清、民国,泥塑艺术品在社会上仍然流传不衰,尤其是小型泥塑,既可供人观赏陈设,又可让儿童把玩。

中国泥塑历史悠久，文化积淀丰厚，流传地区广泛，种类题材多样，是中华民族民间艺术的瑰宝之一。其作品具有造型整体感强、形态优美生动、色彩淳朴明快等共同的特征。民间泥塑的传承者们凭借勤劳和智慧，在艺术实践的求索中，积淀了丰富的经验，并形成了各具特色的民间泥塑风格，如凤翔泥塑、高密泥塑、惠山泥人、天津"泥人张"彩塑等。

（一）凤翔泥塑

陕西凤翔彩绘泥塑工艺是我国最古老、最具民族特色的泥塑工艺之一，其历史可追溯至先秦西周时期。凤翔泥塑主要分为三大类：泥玩具、挂片和立人。

艺术特点：造型简练夸张，形态生动，线条酣畅淋漓。以大红、大绿、黄为主，色彩鲜艳、对比强烈，多采用墨勾线和简练的笔法涂染（图9-1至图9-4）。

图9-1　凤翔泥塑1

图9-2　凤翔泥塑2

图9-3　凤翔泥塑3

图9-4　凤翔泥塑4

（二）高密泥塑

山东高密泥塑已有400多年的历史，起源于明朝隆庆万历年间。当时，高密的农民开始设计并用泥做成一种叫"锅子花"（也称泥墩子）的焰火出售。后来又把装火药的泥坯塑成娃娃形状，焰火放过以后，这些泥塑可作为玩具或装饰品摆设。此后，泥塑的品种逐渐增多，有"老虎""狮子""猴子""小狗""小猫""鸡""鸭"等动物，也有"白蛇传""孙悟空""牛郎织女"等传奇故事人物，并且涂以各种颜色，使其生动活泼。

图9-5　高密泥塑

艺术特点:在艺术造型上,高密泥塑向剪纸靠拢,大胆夸张,注重写意神似,力求简约概括,在似与不似之间展现出独特的艺术魅力。高密泥塑作品动静结合,形声俱备,其风格雅拙中透精巧,憨朴中显灵秀,形象栩栩如生。

在色彩运用上,高密泥塑追求鲜明醒目而又柔和动人的效果,用色少而精,多以桃红和大绿两种基本颜色为主(图9-6、图9-7)。

图9-6　高密泥塑1　　　　　图9-7　高密泥塑2

(三)惠山泥人

惠山泥人是无锡三大著名特产之一。无锡当地艺人取惠山东北坡山脚下离地面约一公尺以下的黑泥为原料,这种泥质细腻柔软,搓而不纹、弯而不断、干而不裂,可塑性极佳,非常适合"捏塑"之用。惠山泥人是民间艺人在几百年间不断传承与创新而孕育出的巧夺天工、灿烂绚丽的民间艺术作品。惠山泥人分"粗货"与"细货"两类。"粗货"大多以喜庆吉祥题材为表现内容,如大阿福、蚕猫、老寿星、渔翁等,寄托着民间祈求祥瑞、辟邪纳福、丰衣足食的美好愿望,其造型粗犷简洁,色彩明快,挥洒写意,形神兼备。"细货"即手捏泥人,主要取材于传统的戏曲人物、神话传说、民风民俗,人物塑画生动传神,色彩色调秀丽明隽。手捏泥人对材质要求严格,需取当地水稻田一米深处的乌土为材料。

艺术特点:造型简练饱满,线条流畅自然。色彩鲜艳明快,具有很高的装饰效果。作品充满生活情趣,雅俗共赏,极具江南韵味。

传统工艺极为复杂,有搓、揉、挑、捏、印、拍、剪、色、压、贴、镶、划、扳、插、推、揩、糊、装等技艺。作为彩塑,彩绘技艺在整个泥人的工艺制作中占有较高的比重,因而有"三分塑七分彩"之说。惠山泥人以独特的艺术造型、鲜明的民族民间色彩和浓郁的江南乡土气息而深受海内外各界人士的喜爱,被誉为"无锡三宝"之一。其中,大阿福和手捏戏文名满天下,广为人知,被视为最富有东方色彩的民间彩塑(图9-8、图9-9)。

(四)天津"泥人张"彩塑

天津"泥人张"彩塑是一种深得百姓喜爱的民间美术品,流传、发展至今已有近200多年的历史。它以泥土为原料,手工捏制成形,或素或彩,多以人物、动物为主。

艺术特点:以人物为主,形神兼备,色彩简雅明快,用料讲究。

天津"泥人张"彩塑创作题材广泛,或反映民间习俗,或取材于民间故事、舞台戏剧,或直接取材于《水浒》《红楼梦》《三国演义》等古典文学名著。所塑作品不仅形似,而且神似,达到

图9-8 惠山泥人:大阿福

图9-9 惠山泥人:手捏戏文

神形兼具的境地。天津"泥人张"彩塑用色简雅明快,用料讲究,所捏的泥人久置不燥不裂,栩栩如生。

天津"泥人张"彩塑属于室内陈列性雕塑,一般尺寸较小,高度在40公分左右,可放在案头或架上,因此也称为架上雕塑、彩塑艺术。作为一种广泛运用于各种环境装饰的艺术形式,天津"泥人张"彩塑还具有服务社会、美化环境的重要作用(图9-10至图9-12)。

图9-10 天津"泥人张"彩塑1

图9-11 天津"泥人张"彩塑2

图9-12 天津"泥人张"彩塑3

第二节 泥工的材料及基本工具

一、泥的种类

泥塑材料种类丰富,常用的材料主要包括传统泥塑材料(如自然黏土)、彩泥,以及纸黏土、面泥、软陶等其他类似材料。

(一)传统泥塑材料

传统泥塑材料,即自然黏土。

泥性要求黏度大,含沙少且无杂质。将采集的黏土和成泥后,需在水泥地面上反复捧打,直到泥料细腻、柔软且不沾手的状态。准备好的泥料可以放在塑料袋里密封保存,以保持湿润,确保后续使用时的可塑性(图9-13)。

图9-13 黏土

(二)彩泥

彩泥,也就是橡皮泥,是孩子们最喜爱的玩具之一。彩泥的优点是干净、卫生,非常适合幼儿使用(图9-14、图9-15)。最初,橡皮泥色彩单一,只有灰白两种颜色。然而,经过几年的发展,橡皮泥就有了多种缤纷的色彩和多样诱人的香味。

彩泥具有色彩多样、质地柔软、易于造型的特点。其颜色丰富,除了常见颜色外,还包括夜光色、金色、银色等特殊色彩。此外,部分彩泥还有香味,这增加了作品的趣味性。

图9-14　橡皮泥　　　　　　　　　图9-15　彩泥作品

(三)其他类似材料

其他类似材料,主要包括纸黏土、面泥、软陶等。

纸黏土是一种以纸浆混合树脂和黏土制成的材料。通过加水、手捏和使用各种工具等方式,纸黏土会变成不同的形状,但在干透以后便无法改变形状。纸黏土常用于制作泥人、小饰物、画作等(图9-16)。

面泥以糯米粉、白面为主要原料,辅以甘油、防腐剂和开水等揉制后形成基础面团。基础面团经过蒸制后形成自然色泽的面团,再通过加入水粉色或彩色墨水揉制,形成多种颜色的面团。面泥主要用于民间面塑,常出现在节庆和传统活动之中(图9-17)。

图9-16　纸黏土作品　　　　　　　图9-17　面泥作品

软陶色泽鲜艳,质感像塑料,是幼儿泥工活动的理想材料之一(图9-18、图9-19)。

图 9-18 软陶材料

图 9-19 软陶作品

二、泥工常用的工具

泥工制作以徒手捏制为主要成型方式。通过使用一些简单造型工具,可以巧妙地增强作品的表现力、丰富作品的感染力。常用的泥工工具有:泥工板(图 9-20)、泥工刀(图 9-21)以及其他辅助工具(图 9-22)。

图 9-20 泥工板

图 9-21 泥工刀

图 9-22 其他辅助工具

第三节 泥工作品的表现手法及形式

一、泥工作品的表现手法

泥工作品成型的表现手法是制作中非常重要的一部分,千姿百态的泥工作品都是通过创作者的双手运用不同的手法而塑造出来的。泥工作品成型常见的有以下三种手法。

(一)手捏成型法

手捏成型法是最原始、最简单的方法,主要通过手直接对泥进行捏塑。创作者利用捏、挖、挤、压等动作将泥土塑成想要的造型,也可以利用一些简单的工具辅助成型。在塑造时,可以先用整块泥塑造形象,再通过手拉、捏、搓、卷、压、插、接、贴等技法进行局部刻画。为了使泥塑作品具有一定的可观赏性,创作者可以通过夸张、变形的方法,并搭配相应的颜色来增强视觉效果。

案例 泥工作品成型方法

分泥：按物体的比例和制作的需要,用目测的方法将大块的泥分成若干小块来准备塑造。

团：将泥放在两手手心中间,双手均匀转动,将手中泥团成圆球。

搓：将泥放在手心,两手前后搓动,将泥搓成长条状或圆柱体(图9-23)。

压：用手掌或工具将搓成的长条或团成的圆球压成片状(图9-24)。

图9-23　搓　　　　　　　　　图9-24　压成片状

抻拉：从一整块泥中,按物体的结构抻拉出各细节部位,如大象鼻子、天鹅脖子等。

捏：用手指将泥片或者泥条挤压成想要的形状,如小鸟的嘴巴(图9-25)。

卷：用滚动的方法将泥条卷起,如蜗牛的壳、山羊角。

剪：用剪刀将泥剪成所需要的形状(图9-26)。

印：用工具在泥上压画出条纹或者自然肌理(图9-27)。

图9-25　捏

图9-26　剪　　　　　　　　　图9-27　印

(二)泥条盘筑法

这种方法早在远古时代就已出现,主要包括两种:一种是将泥料制成长条形的,以螺旋式的方法由下向上盘筑;另一种是将泥条圈起,一层层向上堆筑成器形。泥条可以自由地弯曲与变化。泥条盘筑法简单、方便,而且所用的时间也比较少。通过这种方法制成的作品,内壁往往留有泥条盘筑的痕迹。这种痕迹也成为一种独特的艺术表现形式。在制作一些比较复杂的、不太规整的、形体较大的泥塑作品时,其优势尤为明显(图9-28、图9-29所示)。

图9-28　泥条盘筑器皿　　　　　图9-29　泥条盘筑动物

(三)模印成型法

模印成型法是一种用泥在模具上模印成型的泥塑方法,所以称为压模泥塑。其制作过程是先要创作出模型的形态,外形不能太复杂,既要便于脱模,还要考虑模的坚固程度和整体效果。等到造型满意后,再把它翻成模具。模具大多数是用石膏做的,也有用陶土做的。模具分为单片、双片、多片,其中以双片最为常见,一般由上、下或左、右两半片组成,中间的空腔用于压模泥塑成型(图9-30、图9-31)。

图9-30　印制模具　　　　　　图9-31　模具成品

二、泥工作品的表现形式

泥工作品的表现形式主要有圆雕和浮雕两种。

(一)圆雕造型的特点及方法

圆雕是指用泥塑造物体的三维立体形象,其特点在于概括、简练、夸张和强烈的立体感,使观者可以360度环绕观看。在泥塑制作过程中,应确保每个面都具有立体效果,并使人能够清晰地观察到形体的起伏和转折。

　　幼儿园泥工圆雕的重点在于:制作圆雕时要关注作品的重心,采用概括的表现手法,突出作品的形象、表现性、趣味性和可玩性(图9-32、图9-33)。

图9-32　圆雕作品1

图9-33　圆雕作品2

案例　**圆雕人物制作实例——卡通男孩**

1. 材料与工具

软陶泥、美工刀、板等。

2. 塑造方法与步骤

　　(1)揉泥。反复用捏、压、团的方法对彩泥进行加工,这样可以使彩泥变得具有较强的韧性而便于制作。

　　(2)制作身体。先用肉色黏土(没有肉色,就用白色、红色、黄色配制而成)揉捏出扁椭圆形,做头部。再取部分黏土揉搓出胖水滴的形状,做身体。需注意的是,制作的身体要比头部略小。搓两个小水滴贴在头部耳朵的位置,并用牙签压出耳洞。搓个小网球,贴在头部做鼻子(图9-34)。

　　(3)制作头发。将土黄色黏土搓成长条捏成薄片,将一端剪成细条状,包裹在头上做成头发(图9-35、图9-36)。

图9-34　制作身体　　图9-35　制作头发　　图9-36　头发黏合

（4）制作裤子。取浅蓝色黏土,揉成网球形,粘贴在身体下方,中间用工具压凹,做成裤子状。

（5）另取两小块浅蓝色黏土,揉成两个小球后压扁,将其粘贴起来当裤管。(图9-37、图9-38)

（6）制作衣服。取两块浅绿色黏土搓成长条,碾压成薄片,切割成长方形,从后往前包住,在前胸处重叠,并将多余的剪掉(图9-39)。

（7）加手臂。用浅绿色黏土搓成两个长水滴形,粘贴在身体两侧当作手臂(图9-40)。

图9-37　制作衣服1　　图9-38　制作衣服2　　图9-39　制作衣服3　　图9-40　加手臂

（8）装脚。将棕色黏土揉成两个水滴形状,粘于裤管下方当作脚(图9-41)。

（9）安装附件。搓个小黄球做扣子,粘在衣服上。搓两个小白球压扁做眼白,两个小黑球压扁做眼球(图9-42)。

（10）修饰一番,完成作品(图9-43)。

图9-41　装脚　　　　图9-42　安装附件　　　图9-43　作品完成

（二）浮雕造型的特点及方法

浮雕是一种在平面上用凸浮手法进行形象塑造的造型方法。其显著的特点是半立体化。与圆雕相比,浮雕虽然看上去在视觉上立体感较弱,然而泥浮雕作品通过多层次的微妙的起伏,给观者带来的视觉感受是非常独特的。浮雕泥工主要利用在平面上制作出凹凸的深浅层次和光线照射的明暗来进行艺术表现。

这里所介绍的是造型被压缩得比较平的浅浮雕,常常被装饰在平面或用具、器物上,具有很好的装饰效果。泥浮雕可以装饰在许多物品的表面。

(1) 平面:泥浮雕可以附着在纸面、墙面、平面的物品上(图9-44)。

(2) 立体:泥工浮雕也可以附着在瓶身、笔筒、一些废旧物品等立体的物体上(图9-45)。

图9-44　泥浮雕作品　　　　图9-45　泥浮雕器皿

案例　彩泥恐龙制作实例

1. 材料与工具

白色、黑色、粉红色、黄色、软陶泥少许,椭圆形木板(长约12 cm)一个、名片夹1支、白胶。

2. 塑造方法与步骤

(1) 揉泥。反复用捏、压、团的方法对彩泥进行加工,这样可以使彩泥变软,变得具有较强的韧性而便于制作。

(2) 把绿色泥搓圆再压扁。

(3) 将椭圆形木板钻小洞。

(4) 用压扁的绿色泥把椭圆形木板包起来,将名片夹插入椭圆形木板。

(5) 用粉红色土做成恐龙头部(椭圆球形)、身体(含尾巴)、四只脚(椭圆球形)。

(6) 用黄色土搓四个圆球再压扁,分别粘贴在四只脚下面。用黄色土搓数个小圆球,粘贴在头部及身体上当斑点。

(7) 用白色土搓圆做眼睛,黑色土搓小小圆球做眼珠。

(8) 将恐龙身体各部分完成后,在恐龙头部画上嘴巴,再粘贴在白色椭圆形木板上(图9-46)。

图 9-46　彩泥恐龙

案例　玻璃珠杯灯制作实例

1. 材料与工具

软陶泥（CT60 g、白色土 30 g、CM30 g）（图 9-48）、泥工刀、滚筒、美工刀。

2. 塑造方法与步骤

（1）将白色土和 CM 土，分别揉软后各自擀成厚薄 0.2 cm 的土片，将两种土片重叠密合，并将 CT 土捏成三角柱（图 9-48）。

图 9-47　软陶泥

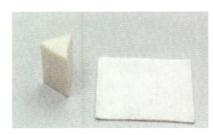

图 9-48　土片

图 9-49-1　竖切

图 9-49-2　竖切后的土片

（2）将三角柱平均竖切成五等份，每一等份夹着步骤（1）的土片（图 9-49-1、图 9-49-2）。

（3）将步骤（1）的土片粘贴在三角柱的斜侧边，挤压拉长约 15 cm 后，切成三段（图 9-50-1、图 9-50-2）。

（4）将三段组合成半圆形，组合切段成两段后，再组合成圆形（图 9-51-1、图 9-51-2）。

（5）再次挤压拉长,切段后组合成正方形,用滚筒压成正方形土条(图9-52-1、图9-52-2)。

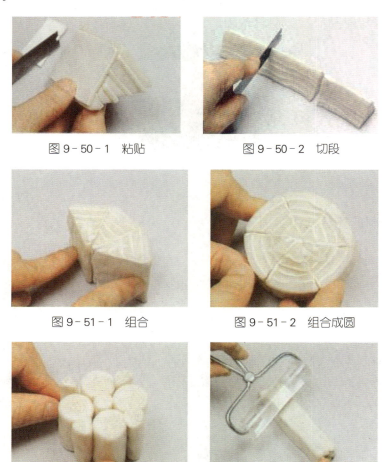

图9-50-1 粘贴 　　　　图9-50-2 切段

图9-51-1 组合 　　　　图9-51-2 组合成圆

图9-52-1 切段组合 　　　　图9-52-2 滚压成条

（6）挤压拉长土条,切成四段,再组合完成蜘蛛网形土条。将土条切片(厚度约0.3 cm),用滚筒将土片擀薄,越薄越好(图9-53-1至图9-53-3)。

图9-53-1 四段土条 　　　　图9-53-2 切片 　　　　图9-53-3 擀薄土片

（7）将土片一片片贴在玻璃杯上，接合处切平对齐。用滚筒擀平烛杯表面，注意不能有气泡（图9-54）。

图9-54　贴土片

（8）以同样的土片捏塑玫瑰花、叶子来装饰。再将花朵、叶子粘贴上，然后以130度烘烤烛杯15分钟，冷却后即完成作品（图9-55-1至图9-55-4）。

图9-55-1　捏花瓣

图9-55-2　粘贴花瓣

图9-55-3　修饰调整

图9-55-4　作品完成

本章小结

　　泥具有很强的可塑性,可随心所欲自由变形,能带来塑造的乐趣。泥塑能塑造各式各样栩栩如生的动物、人物及各类物品,无论大小,都可以通过夸张或抽象的手法进行表现。

　　泥塑中可爱的形象能激发幼儿热爱大自然、善待小动物的情感。因此,对于从事幼儿教育的工作者而言,掌握泥塑的专业技艺很重要。这有助于开发幼儿的心智、陶冶其审美情趣,引导幼儿进行泥塑创作,促进其审美素养和创造力的培养,对其全面发展具有重要的教育意义。

教学做合一

　　熟悉并掌握泥塑的制作技巧,结合幼儿园教学的场景,进行泥塑造型设计及场景组合创作。

第十章

纸艺

· 目标与导读 ·

- ●了解：纸艺的不同表现形式，以及使用的工具与材料。
- ●理解：各类纸艺制作的特点。
- ●掌握：剪纸、撕纸、折纸、纸贴画、纸雕塑等的制作方法。
- ●应用：运用所掌握的方法大胆创新，进行艺术创作。

纸艺既能够启发儿童的创造力和逻辑思维能力，又能提升儿童的手眼协调能力。因其材料丰富，纸艺近年被广泛用于幼儿园教学。本章着重介绍剪纸、撕纸、折纸、纸贴画、纸雕塑等幼儿园教学中常用的纸艺手法，旨在帮助学前教育专业的学生了解各种纸材料的特性，并能够较好地运用不同的材料进行艺术创作。

第一节　概　述

一、纸艺概述

造纸术是中国的四大发明之一。随着时代的发展，纸张的种类日益繁多，造纸技术也得到了巨大进步，这就为纸艺这门古老又新兴的艺术奠定了丰富的材料基础。纸艺因其材料易得、制作简单、效果突出，深受孩子们的喜爱。

纸艺，广义上是指包括造纸艺术在内的所有与纸有关的工艺；狭义上则是指以各种纸张、纸材质为主要材料，通过剪、刻、撕、拼、叠、揉、编织、压印、裱糊、印刷等手段制作而成的平面或者立体的艺术品。

纸艺在中国发展得最好的就是剪纸艺术，直到现在，还有许多民间艺人活跃在剪纸这个古老却又新兴的艺术行业之中。随着纸的应用越来越广，纸的种类越来越丰富，这为纸艺的发展奠定了基础。很多纸艺的发展就是在不同特质的纸张基础之上发展出来的，比如纸藤花、3D立体纸雕和纸蕾丝等。纸艺之所以被人广泛运用，除了材料简单易得、成本低廉，还在于它本身具有很强的可塑性，是极佳的美术创作素材。当一些普通的纸，在我们手中变成盛开的花朵、漂亮的服装或者可爱的小动物时，我们的心情也会得到无比的愉悦和满足。

近年来，纸艺也被广泛用于幼儿园教学当中，通过运用纸材料制作出幼儿喜闻乐见的玩具，并引导幼儿自己动手制作来锻炼幼儿的手眼协调能力、观察力，培养幼儿的思维能力，以及促进其数理概念的形成和空间知觉的发展。

二、纸艺的分类

纸艺的种类繁多，按其所呈现的空间形态可分为平面纸艺和立体纸艺，具体包括剪纸、撕纸、折纸、纸贴画、纸雕塑、皱纹纸制作等。

第二节　剪纸、撕纸

一、剪纸概述

剪纸，又称刻纸，是指一种在纸张、皮革、树皮等非常薄的平面介质上通过剪、刻等技法完成的一种镂空艺术。剪纸是中国古老的传统民间艺术之一，它源远流长，经久不衰，成为中国民间艺术中的瑰宝。剪纸具有悠久的历史，根据新疆出土的北朝时期（距今 1400 多年）的《对马团花》《对猴团花》等剪纸作品推论，剪纸艺术在当时已相当成熟并达到了较高水平（图 10-1）。从风格上讲，我国的民间剪纸素有"南巧北壮"之说，即南方剪纸的造型写实、细腻精致，玲珑剔透、阴刻较多（见图 10-2）；北方剪纸的风格豪迈雄壮、造型夸张、构图饱满，以阳刻作品较多（见图 10-3）。

图 10-1　剪纸作品

图 10-2　南方剪纸

图 10-3　北方剪纸

剪纸艺术因其材料易得、操作简单而被广泛地运用于人们的生活中，寄托着人们对美好生活的向往。此外，剪纸艺术又因具有开发幼儿的智力和培养想象力的作用，而被广泛应用于幼儿园美术教学和环境创设。

二、剪纸的工具与材料

剪纸的工具与材料主要有剪刀、刻刀、垫板与蜡盘、纸张及其他工具（图 10-4）。

（一）剪刀

"工欲善其事，必先利其器。"在剪纸的制作过程中，剪刀起着至关重要的作用。剪纸时，宜选择锋利有尖的剪刀，大小型号由个人习惯和喜好而定。

图 10-4　工具

（二）刻刀

各种型号的刻纸刀、手术刀、平口刀、斜口刀、自制锯条刀等均可，剪纸时可根据个人喜好进行选择。

（三）垫板与蜡盘

垫板可采用光面的塑胶板与光面的椴木板，或者常用的塑料垫板。

蜡盘的制作方法为：将一块 20—40 cm 的三合板周围用厚度为 1 cm 的木条钉成一个木槽，再用石蜡、蜂蜡、草木灰以 4∶6 的比例混合，经高温融合以后注入槽内，待冷却压平后即可使用。

（四）纸张

纸张是剪纸的重要材料。普通彩色纸、打印纸、各色宣纸等厚度适中且韧性强的纸张都可用于剪纸。

（五）其他工具

起稿时，使用的铅笔、橡皮、直尺、圆规等；装订时，用的订书机或曲别针；装裱时，使用的固体胶和刷子等。

三、剪纸的基本步骤

首先，确定题材，构思出自己想要的图案，再根据需要将纸张进行折叠。然后，用铅笔将设计好的草图画在折叠好的纸上。最后，根据所画的形状用剪刀或刻纸刀进行剪裁刻画。

（一）基本折叠方法

1. 对称折法

对折、四折法：将一张正方形纸上下两边对折（图 10 - 5、图 10 - 6）；再将左右对折（图 10 - 7）。

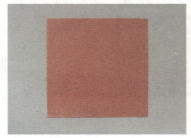  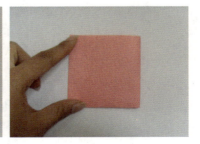

图 10 - 5　　　　　　　　　图 10 - 6　　　　　　　　　图 10 - 7

2. 三角、六角对称折法

（1）三角折法。

① 将一张正方形纸按对角折（图 10 - 8、图 10 - 9）。

图 10 - 8 　　　　　　　　　　　　图 10 - 9

② 在三角形的两条边上找出中点(图 10 - 10)。

③ 分别将三角形的底边向左右两边的中点上对折(图 10 - 11)。

④ 剪切得出三角形(图 10 - 12)。

图 10 - 10 　　　　　　　图 10 - 11 　　　　　　　图 10 - 12

(2) 六角折法。

① 在三角折法的基础上,再将两条边对折(图 10 - 13)。

② 剪切得出六角形(图 10 - 14)。

图 10 - 13 　　　　　　　　　　　　图 10 - 14

3. 五角、十角对称折法

(1) 五角折法。

① 将一张正方形纸对折(图 10 - 15、图 10 - 16)。

② 将长方形的右边折向底边(图 10-17)。

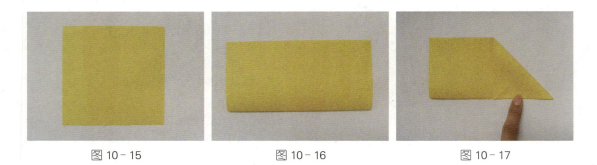

图 10-15　　　　　　　图 10-16　　　　　　　图 10-17

③ 打开后再将左边向上折(图 10-18)。

④ 打开后会出现一个十字折痕,将左边底角折向右边十字交叉点上(图 10-19)。

⑤ 将右边部分向后折(图 10-20)。

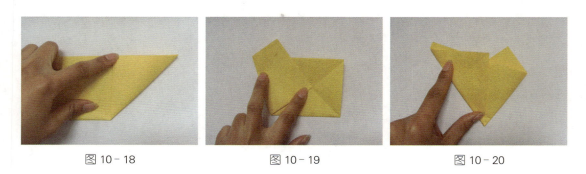

图 10-18　　　　　　　图 10-19　　　　　　　图 10-20

⑥ 将剩下的角对折(图 10-21)。

⑦ 剪切完成(图 10-22)。

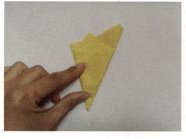

图 10-21　　　　　　　　　　　图 10-22

(2) 十角折法。

① 在五角折法的基础上进行对折(图 10-23)。

② 剪切完成(图 10-24)。

图 10 - 23　　　　　　　　　　图 10 - 24

4. 团花的剪法

① 取一张正方形纸,对边折叠(图 10 - 25、图 10 - 26)。
② 对角折两次(图 10 - 27)。

图 10 - 25　　　　　　　　　图 10 - 26　　　　　　　　　图 10 - 27

③ 起稿并剪切(图 10 - 28、图 10 - 29)。
④ 剪切完成(图 10 - 30)。

图 10 - 28　　　　　　　　　图 10 - 29　　　　　　　　　图 10 - 30

(二) 不对称剪纸

　　不对称剪纸又称平剪法。它的特点是制作自由,不受局限,易于进行各类题材的创作。其制作方法为:先在纸的背面起稿,然后剪刻。如果对该制作方法已经熟练掌握,也可以直接在纸的上面剪刻(图 10 - 31)。

图 10 - 31　不对称剪纸

四、撕纸

撕纸不需要借助任何工具,可以直接用手进行撕扯。它对形的要求不高,因而比较适合幼儿的学习。撕纸不仅能锻炼手的灵活性,促进手眼的协调性,还能培养想象力与创造力。

在纸张的选择上,宜选择较薄的、有一定韧性且容易撕的纸张。一般来说,可选择彩色宣纸、有图案的包装纸、海报纸与废报纸等。

撕纸的制作方法如下:

(1)将纸张进行折叠,可运用上述剪纸的基本折叠方法(图10-32)。

(2)用铅笔在纸上起稿,画出想要的图案。

(3)根据图案撕纸,完成作品(图10-33、图10-34)。

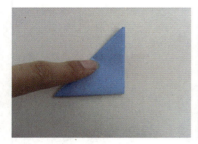  

图10-32　　　　　　　　　图10-33　　　　　　　　　图10-34

第三节　折　　纸

一、折纸概述

折纸又称"工艺折纸",是一种以纸张折成各种不同形状的艺术活动。折纸起源于公元1世纪或者公元2世纪的中国,距今已有2000多年的历史。折纸从它诞生之日起就成为人们创造快乐的源泉,给人们带来了丰富的艺术享受。如今,折纸逐渐成为一种重要的教育手段,并被广泛应用于儿童艺术教育中。

由于折纸使用材料简单,造型丰富、富于变化,非常适合幼儿学习。折纸活动既可以锻炼幼儿的手部肌肉群的灵活性,又有助于其大脑的发育。这是因为折纸必须遵循从前至后的折叠步骤,有助于培养幼儿认真观察的习惯和做事的顺序性、条理性。因此,折纸已成为幼儿园美术活动的主要内容之一。

二、折纸的工具与材料

折纸的工具与材料主要包括剪刀、小刀、固体胶、彩色纸、皱纹纸、玻璃纸等。

三、基本折法练习

（1）对边折（图 10-35、图 10-36）。

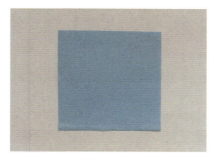

图 10-35

图 10-36

（2）对角折（图 10-37、图 10-38）。

图 10-37

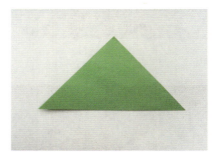

图 10-38

（3）左右两角向中线折（图 10-39）。

（4）四角向中间折（图 10-40）。

图 10-39

图 10-40

（5）双正方形折法（图 10-41 至图 10-46）。

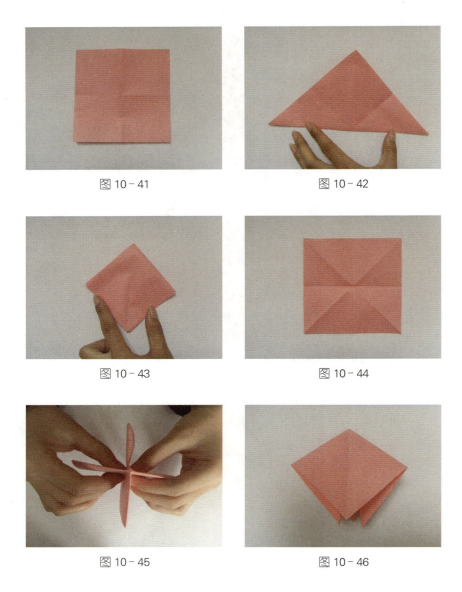

图 10 - 41　　　　　　　　　　图 10 - 42

图 10 - 43　　　　　　　　　　图 10 - 44

图 10 - 45　　　　　　　　　　图 10 - 46

（6）双三角形折法（图 10 - 47 至图 10 - 50）。

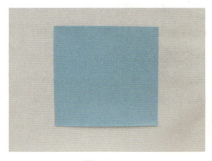

图 10 - 47

图 10 - 48

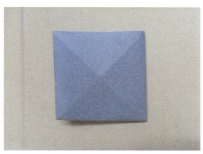

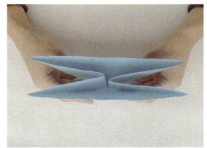

图 10 - 49

图 10 - 50

四、折纸步骤

(一)茶壶

(1)用一张正方形纸折出双正方形(图 10 - 51)。

(2)分别将左右两角向中线折(图 10 - 52),反面使用相同折法。

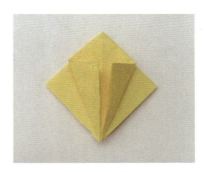

图 10 - 51

图 10 - 52

(3)打开沿折痕向内折,反面使用相同折法(图 10 - 53)。

(4)将下面两个角向上折,注意角度不同(图 10 - 54)。

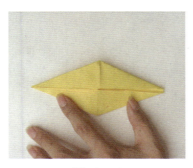

图 10 - 53

图 10 - 54

(5)将两个尖角向内折(图 10 - 55)。

(6)将上面两角拉下来向内折(图 10 - 56)。

图 10 - 55

图 10 - 56

(7) 用剪刀剪出壶钮(图 10 - 57)。

(8) 在壶身上画上图案,作品完成(图 10 - 58)。

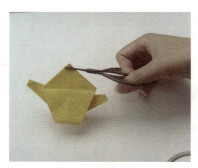

图 10 - 57

图 10 - 58

(二) 会飞的小鸟

(1) 用一张正方形纸折出双三角形(图 10 - 59)。

(2) 将左边一角折向右边两角,左边只留一角(图 10 - 60)。

图 10 - 59

图 10 - 60

(3) 将左边一角的边朝中线向上对折(图 10 - 61)。

(4) 顺势将带起来的右边一角压平(图 10 - 62)。

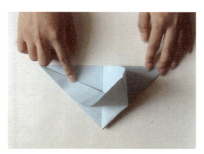

图 10－61

图 10－62

（5）背面使用相同折法（图 10－63）。

（6）将长的一角向上翻折（图 10－64）。

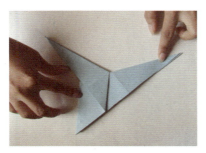

图 10－63

图 10－64

（7）折出鸟头（图 10－65）。

（8）向下折出翅膀（图 10－66）。

图 10－65

图 10－66

（9）将翅膀打开（图 10－67）。

（10）拉动鸟头与尾部，带动翅膀（图 10－68），作品完成（图 10－69）。

图 10－67

图 10－68

图 10－69

（三）蝴蝶结

（1）用一张正方形纸折出一个双正方形（图 10－70）。

（2）将双正方形的顶部向下折出小三角形（图 10－71）。

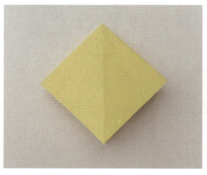

图 10－70

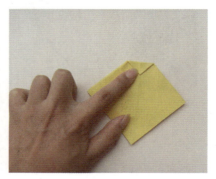

图 10－71

（3）将小三角形的底边分别朝中线折（图 10－72）。

（4）展开纸，出现折痕（图 10－73）。

（5）沿折痕折（图 10－74）。

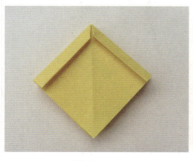

图 10－72

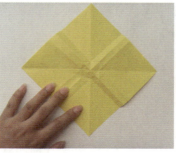

图 10－73

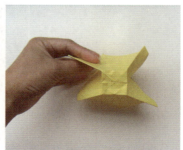

图 10－74

（6）将小正方形向内挤折（图 10－75、图 10－76）。

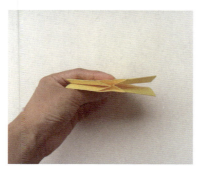

图 10-75

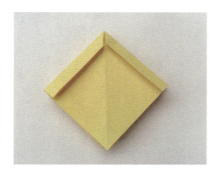

图 10-76

（7）从背面打开（图 10-77）。

（8）轻轻拉出小正方形（图 10-78）。

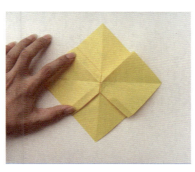

图 10-77

图 10-78

（9）用剪刀将四条折痕分别剪开（图 10-79）。

（10）将上面的正方形向下折（图 10-80）。

图 10-79

图 10-80

（11）将左右两个正方形的两边分别从背面沿中线对折，折出两角（图 10-81）。

（12）将两角插进小正方形中（图 10-82）。

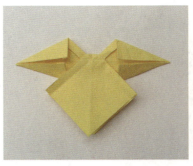

图 10 - 81

图 10 - 82

(13) 将下面的正方形沿中线剪开(图 10 - 83)。

(14) 将纸折细(图 10 - 84)。

图 10 - 83

图 10 - 84

(15) 用剪刀剪出飘带(图 10 - 85)。

(16) 完成作品(图 10 - 86)。

图 10 - 85

图 10 - 86

(四)雨伞

(1) 取一张正方形纸和一张长方形纸(图 10 - 87)。

（2）将正方形纸折出双三角形（图 10‐88）。

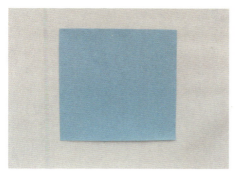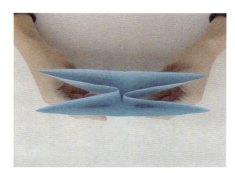

图 10‐87　　　　　　　　　　　　图 10‐88

（3）将三角形的两条边向中线折（图 10‐89）。
（4）反面使用同样折法（图 10‐90）。

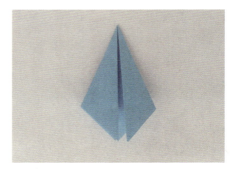

图 10‐89　　　　　　　　　　　　图 10‐90

（5）将折好的小三角形打开沿折痕向内压平（图 10‐91、图 10‐92）。

图 10‐91　　　　　　　　　　　　图 10‐92

（6）其他三个角使用同样折法（图 10‐93）。

（7）用剪刀剪下三角顶角（图 10 - 94）。

图 10 - 93

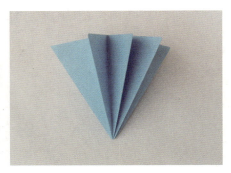

图 10 - 94

（8）取长方形纸卷成雨伞柄（图 10 - 95）。

（9）将下面手柄位置捏弯（图 10 - 96）。

图 10 - 95

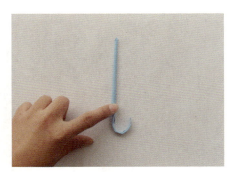

图 10 - 96

（10）在伞柄周围涂上固体胶，将折好的伞冠与伞柄粘贴在一起。

（11）完成作品（图 10 - 97）。

图 10 - 97

第四节 纸 贴 画

一、纸贴画

纸贴画是指运用工具剪裁或用手工撕制得出基本造型,然后依据一定的主题和构图有规律地粘贴在底板上,从而形成一个完整的艺术作品。纸贴画的艺术特点是将不同材质的纸张运用在一个画面中,以突出各种材料的美感。由于纸贴画制作方法简单、材料丰富、效果突出,深受广大艺术爱好者喜欢。它在幼儿园环境创设中具有举足轻重的地位,同时也被广泛地运用在幼儿园手工教学中,还有助于锻炼幼儿的手眼协调能力与培养幼儿的审美能力。

通过纸贴画的学习,学前教育专业的学生能了解各种纸材料的特征和性能,根据纸的特征积极想象,巧妙构思,合理运用不同的纸材质完成作品。这样能为学生今后进入工作岗位,顺利完成幼儿园环境布置和开展美术教学活动奠定基础。

本节的学习重点为:认识、领悟不同纸材料的特征,熟练掌握纸贴画的制作方法、步骤,能在作品中合理运用各种纸材料,并突出其特征,使作品更具艺术感染力。

二、纸贴画的工具与材料

纸贴画的工具有剪刀、镊子、美工刀、双面胶、白乳胶等。纸贴画所使用的材料非常丰富,如卡纸、瓦楞纸、宣纸、毛边纸、挂历纸、牛皮纸、塑料纸等各类纸,以及树皮、树叶等自然材料。只要合理运用,这些材料都是很好的纸贴画素材。

三、纸贴画的制作技法

(1) 要制作一幅好的剪贴画,首先要构思好内容,然后在纸上画出草稿(图 10-98)。

(2) 根据画面选择不同颜色和材质的纸张,逐个画出贴画的局部并进行剪切(图 10-99)。

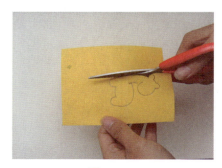

图 10-98   图 10-99

(3) 将每个局部剪好备用(图 10-100)。

(4) 根据画面布局,先从最底部的草坪开始粘贴(图 10-101)。

图 10 - 100   图 10 - 101

（5）以此类推,从下往上逐个粘贴(图 10 - 102)。

（6）贴出空中的云朵(图 10 - 103)。

（7）最后调整画面,画出小鹿的眼睛、鼻孔和脚,使画面更加生动有趣(图 10 - 104)。

图 10 - 102   图 10 - 103   图 10 - 104

课堂练习:

按照本书提供的图例,制作衣服剪贴画。

课后练习:

在掌握基本的纸贴画技巧后,独立设计构思出一幅完整的纸贴画作品。要求将纸贴画与绘画相结合,内容与幼儿园相关。

第五节 纸 雕 塑

一、纸雕塑

纸雕塑是指以各种卡纸作为基本材料,通过折叠、卷曲、推折、粘贴等手段,使其呈现出有立体感的艺术造型。它是一种雕塑艺术,可分为纸圆雕和纸浮雕两种形式。纸圆雕采用立体造型原理,制作具有三维空间的造型。纸浮雕通常依附于较硬的底板上,不像纸圆雕可以从四面八方观看欣赏,但其形态又不同于二维。它在西方被称为 2.5 维构成,在我国被称为半立体浮雕。纸浮雕的题材主要包括动物、人物、静物、风景等。纸浮雕的美感不仅来自其立体感和厚重感,还源自其凸显了纸材质的美感,通过夸张的手法和饱满的色彩使其更具有装饰性和趣味性。纸雕塑因其取材便利,制作容易,效果鲜明,成为幼儿园美化环境、制作教玩具的重要手段。

　　通过本节的学习,学生能够学会欣赏纸雕塑作品,领会其艺术魅力;掌握纸雕塑的制作方法、步骤,可设计制作出如卡通动物、花卉植物等幼儿喜欢的作品;感受丰富多彩的纸雕艺术,不断地提高创作热情和创作技能。

　　本节学习重点为:掌握纸雕塑的特征。圆雕是三维的立体造型,而纸浮雕则是平面和半立体的结合体。在纸雕塑的制作中,合理运用各种技法,开拓创新,能独立完成形象生动、具有感染力的艺术作品。

二、纸雕塑的基本技法

　　纸雕塑通常采用各色卡纸、白板纸、吹塑纸、玻璃纸等材料。这些材料便于加工,表现力也很丰富,是纸雕塑的理想材料。在一件优秀的纸雕塑作品中,往往会运用多种技法,以使作品更加生动、更富感染力。在这里,主要介绍纸雕塑的几种基本技法。

　　一是折叠法(图 10－105)。

　　二是曲折法(图 10－106)。

　　三是弯曲法(图 10－107)。

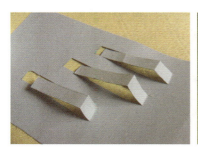　　

图 10－105　　　　　　　图 10－106　　　　　　　图 10－107

　　四是剪贴法(图 10－108 至图 10－111)。

图 10－108　　　　　　　　　　　图 10－109

图 10 - 110   图 10 - 111

三、皱纹纸制作

(一)皱纹纸玫瑰的做法

(1)准备好材料(图 10 - 112)。

(2)用有一定硬度的纸,先画好花瓣形状,再剪下来做成纸模(图 10 - 113)。

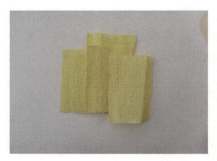
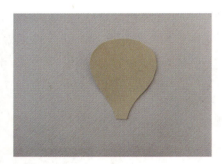

图 10 - 112   图 10 - 113

(3)借助纸模用剪刀将黄色皱纹纸剪出 16 片花瓣(图 10 - 114)。

(4)取长方形皱纹纸,将其剪成锯齿状(图 10 - 115)。

图 10 - 114   图 10 - 115

(5)取长方形黄色皱纹纸,先对折剪成流苏状,再用双面胶或速干胶将流苏状花蕊裹在铁丝上(图 10 - 116)。

（6）将剪好的花瓣调整好形状，一片叠一片地粘贴在花蕊周围（图10-117）。

图10-116　　　　　　　　　　　图10-117

（7）用剪好的花萼包住花朵底部，并粘贴好（图10-118）。

（8）用绿色胶带粘贴好，并进行加固（图10-119）。

（9）调整形状，完成作品（图10-120）。

图10-118　　　　　　图10-119　　　　　　图10-120

（二）皱纹纸康乃馨的做法

（1）取四张同样大小的皱纹纸备用（图10-121）。

（2）分别将四张纸对折（图10-122至图10-124）。

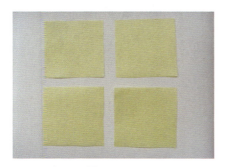

图10-121　　　　　　　　　　　图10-122

图 10－123

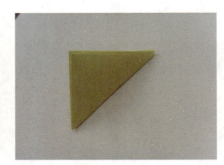

图 10－124

（3）用剪刀剪出花瓣的形状（图 10－125）。

（4）打开花瓣（图 10－126）。

图 10－125

图 10－126

（5）将花瓣扭曲待用（图 10－127）。

（6）取一张绿色皱纹纸（图 10－128）。

图 10－127

图 10－128

（7）用剪刀剪成花萼待用（图 10－129）。

（8）取一段铁丝并将一端捏弯（图 10－130）。

图 10 - 129

图 10 - 130

(9) 将四组花瓣依次穿在铁丝上(图 10 - 131)。

(10) 取一段卫生纸,将其叠成条状(图 10 - 132)。

图 10 - 131

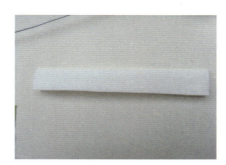

图 10 - 132

(11) 用双面胶将条状卫生纸卷粘贴在花瓣根部(图 10 - 133)。

(12) 将备好的花萼裹在花瓣底部(图 10 - 134)。

(13) 调整形状,完成作品(图 10 - 135)。

图 10 - 133

图 10 - 134

图 10 - 135

本章小结

通过本章的学习，了解了剪纸、撕纸、折纸、纸贴画、纸雕塑、皱纹纸制作的基本步骤，进一步掌握了纸艺的制作技法。希望同学们能举一反三，创作出与众不同的作品，并将所学内容熟练运用于今后的幼儿园教学活动中。

教学做合一

纸材料的种类非常丰富，不同厚度、不同纹理的纸材料制作出的纸艺作品，具有不同的风格。请你尽可能地去搜集生活中的不同类型的纸材料，运用本章节中的纸艺技法进行创作，并体验与思考各种纸材料的"材料语言"。

· 目标与导读 ·

●了解：儿童版画的概念和种类，以及其在学前美术教育中的地位和作用。

●理解：儿童版画不同类型的制作原理。

●掌握：儿童版画的各种表现手法与制作方法。

●应用：学会独立设计和制作儿童版画，能够结合学前儿童的身心特点展开教学。

　　小时候,你们有没有过这样的经历:在 1 分、5 分或 1 元硬币上盖一层薄薄的纸,然后将铅笔侧着在纸面上来回不断地摩擦涂抹,直到纸上出现清晰的硬币图案? 你们有没有故意弄湿自己的手或脚,然后胡乱地在地板上或者墙面上印出自己的手印或脚印? 其实,这种好玩的拓印游戏正是儿童版画中的综合材料版画的基本制作手法。那么,除了这种基本的拓印游戏,还有没有其他方法可以创造出一些既好玩又漂亮的图画来呢? 那就让我们一起来学习如何制作儿童版画吧!

第一节　概　　述

　　版画是视觉艺术的一个重要门类。绘画通常是用笔直接在二维的平面(如纸、布等)上进行绘制。而版画却不同,它是以"版"作为创作媒介,通过制版和印刷来完成美术作品的一种独特的艺术表现形式。版画的特点在于印痕的表现和拓印的趣味性。

　　儿童版画是儿童美术教育中的重要组成部分。其独特的艺术特性非常适合儿童的身心发展,对于培养儿童的动手动脑能力、创新能力和实践能力等起着十分重要的作用。它兼具绘画与手工的艺术特点,让儿童在学习与制作过程中,可以接触到多种制作材料和作画工具,并学会运用不同的制作工艺和表现手法来完成作品。在版画制作过程中,常出现偶然和意外情况,这会激发孩子们的新奇感和强烈的兴趣。当儿童参与画、刻、印全过程时,他们便能充分体验到制作儿童版画的乐趣。

　　儿童版画教育很早就受到了各国儿童美术教育家的重视,有些国家在幼儿园和中小学都开设有版画课。如苏联、美国、德国、英国、法国、加拿大等国家的儿童版画教育都很有特点。被誉为"版画之国"的日本,甚至将儿童版画列为小学必修课程。我国在 20 世纪 80 年代初期成立了"中国少年儿童版画学会",随后各地也相继成立了许多与儿童版画相关的组织。由此儿童版画越来越受到大家的喜爱。

第二节　种 类 及 形 式

　　版画的种类非常多,可以根据使用材料、制版方法等来分类。根据使用材料,版画可分为木版画、石版画、铜版画、丝网版画、麻胶版画、吹塑纸版画、纸版画、石膏版画等。根据制版方法,版画可分为凹版、凸版、平版、孔版和综合版、电脑版等。

　　根据所使用的颜料和方式的不同,版画的印制方法可以分为油印、水印、粉印、拓印、透印等。

　　儿童版画主要分为吹塑纸版画、纸版画、木刻版画和综合材料版画等。

一、吹塑纸版画

吹塑纸是一种轻质的发泡塑料纸或板,结构疏松,很容易在其表面划出划痕。市面上的吹塑纸一般有两种规格:一种是吹塑纸,较薄,分为单层和双层;另一种是吹塑板,质地较厚。用吹塑纸可以制作多种艺术效果的版画,如粉印、油印、拼色、涂色、烫刻的效果,仿石刻效果或仿蜡染效果等。吹塑纸版画因其造型容易、便于儿童掌握,以及印出来的线条流畅、画面效果丰富等特点,成为儿童版画创作的最佳媒材之一。

二、纸版画

纸版画是指用不同厚薄、不同表面肌理的纸或其他纸质材料,通过剪、刻、撕、镂空、揉捏等方法制作出形象,并将其逐层粘贴在底版上做成凹凸版,再通过不同的拓印方式进行印制的版画。纸版画的表现力非常强,且制作方便。日常生活中的许多纸制品,如纸板、包装盒或其他有肌理的纸张都可利用,可谓是既经济且效果又好。所以,纸版画在各国的儿童版画教学中被广泛运用。

三、木刻版画

木刻版画是版画中最基本和常见的版种。我国的木刻版画有着悠久的历史,主要是以木板为媒材而制作的版画。与其他版种不同的是,木刻版画是以刀代笔,通过刀刻痕迹来表现画面,重点突出"刀味"和"木味",具有独特的艺术韵味。根据印制的颜料和方式,木刻版画可以分为油印木刻和水印木刻。

四、综合材料版画

综合材料版画是利用生活中各种不同材料和实物本身所具有的肌理、形状和花纹,通过组合、拼凑、造型等方式将其粘贴在硬纸板上制成版,再通过油印或拓印的方式印制的版画。由于综合材料版画使用的材质多样且肌理丰富,印制出的作品能够呈现出丰富的画面效果,且充满趣味。在制作综合材料版画的过程中,儿童可以大胆想象,体验创作的乐趣。

第三节 儿童版画的基本工具及材料

儿童版画的制作工具和材料非常丰富,主要包括吹塑纸、彩色卡纸、硬纸板、木板、水粉颜料(或浓缩广告画颜料)、版画油墨、橡胶磙、油画棒、水粉笔(或毛笔)、4B 或 6B 铅笔(或圆珠笔)、调色盒、白乳胶、小夹子、水桶等(图 11-1 至图 11-16)。儿童版画可以根据不同的版画类型和印制方式,准备相应的材料和工具。

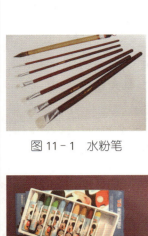

图 11-1 水粉笔

图 11-2 颜料

图 11-3 卡纸

图 11-4 硬纸板

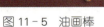

图 11-5 油画棒

图 11-6 吹塑纸

图 11-7 剪刀

图 11-8 胶水

图 11-9 夹子

图 11-10 铅笔

图 11-11 橡胶滚

图 11-12 木板

图 11-13 油墨

图 11-14 刻刀

图 11-15 线材

图 11-16 调色盒

第四节 儿童版画的基本制作步骤及方法

　　儿童作画本无定法,然而教师在指导儿童作画时理应采用相应的方法。儿童版画的制作可以归纳为画稿、制版和印制三个步骤。针对具体的版画类型,教师应该利用不同的表现方法指导儿童学习和制作多种版画效果,激发儿童对版画的兴趣,以及提升其对不同类型版画的理解力和表现力。

一、吹塑纸版画

（一）吹塑纸粉印版画

吹塑纸粉印版画是以吹塑纸制版，用水粉颜料（或浓缩广告画颜料）进行印制的版画。

1. 材料和工具

吹塑纸、4B 或 6B 铅笔（笔头削成圆粗状）、卡纸（不限颜色）、水粉颜料、水粉笔、调色盒、小夹子（最少 2 个）。

2. 制作步骤

（1）用 4B 或 6B 铅笔将事先准备好的画稿直接刻画（或用拷贝纸拷贝）在吹塑纸上，可以稍用力将线画得深一点，但是不要刻透纸板（图 11 - 17、图 11 - 18）。

图 11 - 17　起稿　　　　　　　　图 11 - 18　刻线

（2）将准备好的卡纸（最好与底版等大或稍大一点即可）覆盖于刻好的版上，用小夹子将其一边与吹塑纸一起固定。

（3）掀开卡纸的一角，用水粉颜料在吹塑纸上填色（图 11 - 19）。

图 11 - 19　涂印　　　　　　　　图 11 - 20　调整完成

（4）放下卡纸，用手抚压卡纸开始印制。建议先小范围操作，以免水粉颜料变干。填色应从大色块开始，避免颜料覆盖刻好的线条。颜料的干湿程度需适中，印制效果以显出纹理为佳，整个过程要边填色边印制，直至作品完成。

（5）取下夹子，将印制好的卡纸悬挂晾干即可（图 11-20）。

课后练习：

吹塑纸粉印版画一张，尺寸不小于 8 开，要求画面布局合理，单色多色皆可。

（二）吹塑纸油印版画

吹塑纸油印版画是以吹塑纸制版，用版画油墨进行印制的版画。

1. 材料和工具

吹塑纸、4B 或 6B 铅笔（笔头削成圆粗状）、卡纸（不限颜色）、版画油墨、橡胶磙、玻璃板、小夹子（最少 2 个）。

2. 制作步骤

（1）用 4B 或 6B 铅笔将事先准备好的画稿直接刻画在吹塑纸上，在画好的版面上用铅笔有选择地按压出点状或短线状痕迹，呈现出简单的黑白灰效果（图 11-21）。

（2）将版画油墨挤到玻璃板上，用橡胶磙将油墨滚开，让橡胶磙上均匀地覆盖上一层油墨，备用（图 11-22）。

图 11-21 刻线

图 11-22 调油墨

（3）将滚好的油墨滚到制好的吹塑纸上，注意要均匀、厚薄一致。如果画面要使用两种或多种颜色的油墨，要先滚浅色油墨，再滚深色油墨，且注意两种颜色之间的衔接和过渡（图 11-23）。

（4）把卡纸覆盖于滚好油墨的吹塑纸版上，用夹子将二者固定，避免移动和错位。用手由画面中心向四周进行扶压印制。在印制的过程中，可以稍稍揭起卡纸观察印制效果，墨色不足之处再用橡胶磙补墨（图 11-24）。

图 11 - 23 滚油墨

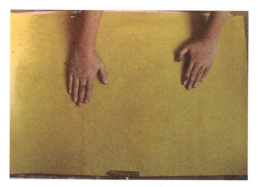

图 11 - 24 拓印

（5）将卡纸取下，悬挂晾干即可（图 11 - 25）。

图 11 - 25 悬挂晾干

课后练习：

吹塑纸油印版画一张，尺寸不小于 8 开，要求画面布局合理，单色多色皆可。

（三）吹塑纸涂色版画

吹塑纸涂色版画是以吹塑纸制版，用版画油墨或水粉颜料进行印制后，再在印制出的画面上添加油画棒效果的版画。

1. 材料和工具

吹塑纸、4B 或 6B 铅笔（笔头削成圆粗状）、卡纸（不限颜色）、油画棒、版画油墨（或水粉颜料）、橡胶磙、玻璃板、小夹子（最少 2 个）。

2. 制作步骤

（1）用 4B 或 6B 铅笔将事先准备好的画稿直接刻画在吹塑纸上（图 11 - 26）。

（2）将版画油墨或水粉颜料挤到玻璃板上，用橡胶碌滚均匀。

（3）将油墨滚到制好的吹塑纸上，要均匀、厚薄适宜。

图 11－26　刻线

图 11－27　拓印

（4）把卡纸覆盖于吹塑纸上，用夹子将两者予以固定，开始印制（图 11－27）。

（5）将印制好的卡纸揭起晾干（图 11－28）。

（6）在晾干后的画面上，根据需要用油画棒进行涂色。注意涂色时可以保留部分底色且不压线，可以让画面产生一种斑驳的肌理感（图 11－29）。

图 11－28　晾干

图 11－29　上色

（7）作品完成（图 11－30）。

图 11－30　完稿

·练一练·

课后练习：

吹塑纸涂色版画一张，尺寸不小于 8 开，要求画面布局合理，使用两种以上的颜色。

（四）吹塑纸拼色版画

吹塑纸拼色版画是根据画面形象不同色彩的需要，将对象与版分割，分别使用不同颜色的油墨滚版，然后再拼合起来制成一幅完整的版画。

1. 材料和工具

吹塑纸、4B 或 6B 铅笔（笔头削成圆粗状）、卡纸（不限颜色）、剪刀、小刀、胶带、版画油墨（或水粉颜料）、橡胶磙、玻璃板、小夹子（最少 2 个）。

2. 制作步骤

（1）用 4B 或 6B 铅笔将事先准备好的画稿直接刻画在吹塑纸上（图 11－31、图 11－32）；

（2）用剪刀或小刀将需要分色的部分剪下，注意尽量不要破坏吹塑纸（图 11－33）。

（3）将需要的油墨颜色挤到玻璃板上，用橡胶磙滚均匀。

（4）将油墨滚到需要的吹塑纸对象上。

（5）将滚好颜色的吹塑纸对象按原版位置拼好。为了避免印制时出现对象错位的情况，可以用胶带在对象背面与吹塑纸一起固定（图 11－34）。

（6）把卡纸覆盖于制好的吹塑纸上，用夹子固定，用手或勺子进行扶压印制（图 11－35）。

（7）取下印制好的卡纸，悬挂晾干即可（图 11－36）。

图 11－31　画稿

图 11－32　刻线

图 11－33　裁剪

图 11 - 34　滚色拼贴

图 11 - 35　拓印

图 11 - 36　调整完成

· 练一练 ·

课后练习：

吹塑纸拼色版画一张，尺寸不小于 8 开，要求画面布局合理，使用两种以上颜色。

（五）吹塑纸仿蜡染效果版画

蜡染是我国民间传统纺织印染的手工工艺，因其独特的龟裂的"水纹"效果，加上极具民族特色的图案风格，深受大众的喜爱。我们使用吹塑纸版画也可呈现这样的效果。

1. 材料和工具

吹塑纸、4B 或 6B 铅笔（笔头削成圆粗状）、卡纸（不限颜色）、宣纸、版画油墨、橡胶磙、玻璃板、小夹子（最少 2 个）、胶带。

2. 制作步骤

（1）用 4B 或 6B 铅笔将事先准备好的画稿直接刻画在吹塑纸上，线条要粗，以避免与后面做成的蜡染纹路效果相混淆，从而影响主要形象的辨认（图 11 - 37）。

（2）将吹塑纸揉成团，让纸面出现褶皱，展开压平，如有破损可用胶带在背面进行修补（图 11 - 38、图 11 - 39）。

（3）根据画面效果，可以撕去吹塑纸的一些边角，造成不规则边形（图 11 - 40）。

（4）将吹塑纸均匀地滚上油墨，不要太厚，以免覆盖线条。

（5）把宣纸覆盖于吹塑纸版上，用夹子进行固定，用手由画面中心向两边开始按压进行印制。

（6）揭起印制好的卡纸，悬挂晾干即可（图 11 - 41）。

图 11－37　画稿

图 11－38　揉皱

图 11－39　展开

图 11－40　调整

图 11－41　拓印、晾干

● 练一练 ●

课后练习：

吹塑纸仿蜡染版画一张，尺寸不小于 8 开，要求画面布局合理，使用两种以上颜色。

（六）吹塑纸仿石刻效果版画

汉代的石刻艺术是我国古代灿烂文化的一个重要组成部分，其造型艺术因反映时代精神而大放异彩。我们可以学习运用吹塑纸版画来仿石刻的效果，体会汉代石刻艺术独特的装饰味和"金石味"。

1. 材料和工具

吹塑纸、4B 或 6B 铅笔、卡纸（不限颜色）、版画油墨、橡胶磙、玻璃板、小夹子（最少 2 个）、剪刀、白乳胶。

2. 制作步骤

（1）用4B或6B铅笔将事先准备好的画稿直接刻画在吹塑纸上，做出简单的黑白灰效果（图11-42、图11-43）。

图11-42　画稿

图11-43　刻线

（2）用剪刀将画好的形象沿轮廓线剪下来（图11-44）。

（3）将剪下来的形象用白乳胶固定在厚纸板（或卡纸）上，完成底版的制作（图11-45）。

（4）将油墨均匀滚在底版上，有使用多种颜色的，要注意颜色之间的过渡与衔接（图11-46）。

（5）将裁剪好的卡纸覆盖于底版上，用手或小勺子由画面中心向四周逐渐按压进行印制，边印边观察，有墨色不足的可以补墨，直至完成（图11-47）。

图11-44　裁剪

图11-45　固定

图11-46　滚画

图11-47　拓印

(6) 揭下印制好的卡纸,悬挂晾干即可(图 11 – 48)。

图 11 – 48 晾干完成

课后练习:

吹塑纸仿石刻版画一张,尺寸不小于 8 开,要求画面布局合理。

二、纸板画

纸板画是通过利用不同厚薄和肌理效果的纸质材料来进行创作的版画。因其制作材料简单易得、制作方便、画面丰富等特点,故在儿童版画教学中被广泛应用。

1. 材料和工具

厚纸板(用作底版)、各类不同厚薄的纸和纸板、卡纸(不限颜色)或宣纸、版画油墨、橡胶磙、夹子(不少于 2 个)、白乳胶、剪刀。

2. 制作步骤

(1) 在纸上先画好想要表现的形象,如一幅风景小品(图 11 – 49)。

(2) 用不同厚薄的纸剪出或者刻出分解后的形象,如房子可以用厚卡纸来制作,树木、篱笆、河流等可根据需要利用不同厚度的纸张来制作。

(3) 用厚纸板作为底版,将剪好的各个零件按原图画进行拼合,并用白乳胶粘贴于厚纸板上,完成一张凸版的制作后晾干(图 11 – 51)。

(4) 将油墨均匀滚在做好的凸版上。

(5) 把裁剪好的卡纸覆盖于凸版上,用夹子固定,用手由画面中间向四周进行印制,墨色不足的可以补墨。

(6) 揭下印制好的卡纸,悬挂晾干即可(图 11 – 52)。

图 11 - 49　画稿

图 11 - 50　剪裁

图 11 - 51　拼贴

图 11 - 52　拓印完成

●练一练●

课后练习:

　　风景纸板画一张,尺寸要求不小于 8 开。使用两种以上的不同纸张进行拼贴,要求画面布局完整,单色多色皆可。

三、木刻版画

　　木刻版画是最传统的版画制作方法之一,它是用木刻刀在木板上进行刻制,并用版画油墨印制而成的版画。在木刻版画中,"刀法"和"刀味"非常重要,同时还需要注意画面黑白灰的组织和概括。通过参与木刻版画的制作过程,孩子们能够充分锻炼自己的动手动脑能力、组织能力和布局能力。

1. 材料和工具

　　木板(三合板)、木刻刀、版画油墨、橡胶碌、生宣纸(或夹宣)、复写纸、细砂纸、毛笔、铅笔、墨汁、小勺子(或木蘑菇)。

2. 制作步骤

　　(1) 在纸上先画好想要表现的形象(图 11 - 53)。

　　(2) 将木板表面用细砂纸进行打磨抛光。

　　(3) 用复写纸将画好的画稿拷贝到抛光好的木板上(图 11 - 54)。

　　(4) 用毛笔蘸上墨汁在木板上画出黑、白、灰效果(图 11 - 55)。

　　(5) 用木刻刀根据画稿在木板上进行刻制(图 11 - 56)。

　　(6) 将油墨均匀滚在刻好的木板上(图 11 - 57)。

　　(7) 将裁剪好的宣纸覆盖于制好的版上固定好后,用小勺子(或木蘑菇)从画面一角开始慢慢按压、摩擦进行印制。印制过程中应注意观察墨色是否均匀,墨色不足的可以补墨(图 11 - 58)。

　　(8) 揭下印制好的宣纸,悬挂晾干即可(图 11 - 59)。

图 11－53 画稿

图 11－54 拷贝

图 11－55 涂色

图 11－56 刻板

图 11－57 滚油墨

图 11－58 拓印

图 11－59 晾干完成

• 练一练 •

课后练习：

黑白木刻人物(或风景)画一张，尺寸要求不小于16开，黑白布局合理，运用两种以上刀法。

四、综合材料版画

综合材料版画主要从生活中选取材料，如树叶、毛线、布头、各种蔬菜、不同肌理的纸张等。儿童在制作综合材料版画时，可充分运用想象力，借助剪、拼、贴等手法，将各种不同材质和形状的材料组合成完整的版画作品。使用综合材料版画因材料与工艺的多样性，常呈现出丰富的肌理效果。

1. 材料和工具

生活中的各种材料(如树叶、毛线、布头、纸片、蔬菜等)、白乳胶、剪刀、版画油墨、清漆、橡胶磙、生宣纸(或夹宣)、纸板。

2. 制作步骤

(1) 构思好画稿，将材料大致摆排在纸板上(图11-60)。

(2) 用白乳胶将材料粘贴在纸板上，完成版的制作(图11-61)。

(3) 用橡胶磙将油墨均匀滚在制好的版上。

(4) 在制好的版上刷一层清漆(清漆的功能是固定画面，方便多次印刷)，待干。

(5) 将裁剪好的宣纸覆盖于干透的版上固定后，用手从画面一角开始慢慢按压、摩擦，然后开始印制(如果使用的是新鲜蔬菜的话，按压力度不宜过大，以免将肌理压瘪)。印制过程中注意观察，墨色不足的可以补墨(图11-62、图11-63)。

(6) 揭下印制好的宣纸，悬挂晾干即可(图11-64)。

图11-60　画稿

图11-61　粘贴

图 11 - 62　固定

图 11 - 63　补色

图 11 - 64　晾干完成

·练一练·

课后练习：

综合材料版画一张，使用 4 种以上不同材质的材料，体验不同材料肌理的效果；尺寸不小于 8 开，使用两种以上颜色，构图完整，色彩和谐。

本章小结

在这一章中，我们向大家介绍了儿童版画的概念、种类，以及制作儿童版画的一些方式和方法，如吹塑纸版画、纸板画、木刻版画和综合材料版画等。通过儿童版画的学习，可以让儿童有机会尝试运用不同工具、材料和制作手法，在绘、刻、印的体验中丰富儿童的视觉、触觉和审美经验，充分享受美术活动的乐趣。

儿童版画以它独特的艺术形式和特点，发挥着其他艺术形式不可替代的作用。但是，开展儿童版画教育，不只是掌握一些基本制作知识和技法就可以的，更需要有一套科学的教育方法。因此，我们不仅是把儿童版画作为一门简单的绘画课进行理解，更应把版画作为对儿童全面实施素质教育的一个切入点，让儿童在版画实践活动中获得基本的美术素养。

教学做合一

随着社会的进步和发展，许多新技术和新材料被广泛运用在各行各业，请你思考一下，还有哪些方法和工具是本书中没有提到但却可以利用在儿童版画的制作上的。

第十二章

综合材料

· 目标与导读 ·

●了解：综合材料的概念，以及它在学前美术教育中的重要作用及其广阔发展空间。

●理解：综合材料的分类及其形式。

●掌握：综合材料的基本构成要素及各种表现手法。

●应用：学会运用综合材料的各种表现手法及艺术制作方法进行制作。

画画和动手制作对孩子们来说是极其自然的行为。他们从幼年时期就开始用自己能得到的各种材料进行涂画或做标记。通常,孩子在4—5岁会进入动手操作阶段,这是孩子们用可得到的各种材料进行初步探索时期。实际上,对各种材料的探索也是学前美术教育活动的重要内容。在美术教育活动中,孩子们通过对各种材料的探索,能够获得丰富的操作经验,并逐渐学会运用这些材料进行创作。

第一节 概 述

在现代社会,科技的飞速发展,使各种新材料不断涌现,这为艺术创作带来了更丰富的可能性,也推动了综合材料在艺术领域的应用。综合材料在表现形式上日益多样化,这为学前美术教育提供了新的发展趋势和方向。

一、综合材料的概念

综合材料又称复合媒材,在艺术视觉领域通常指一种混合与运用多种材料的创作形式。在学前美术教育领域,综合材料是指在一件美术作品中运用两种或两种以上的材料,通过展现材料本身的肌理、材质、构成等特性,从而形成一种新的材料语言与物质属性(图12-1)。

图12-1 综合材料的运用

二、综合材料与学前美术教育

各种材料是学前美术教育活动中不可缺少的因素,直接影响着美术教育的效果。对各种形式多样的综合材料的熟练运用是学前美术教育的重要内容。在幼儿园教学实践中,材料不仅可以丰富环境创设的内容和形式,还能激发幼儿对环境的兴趣、构思、联想和行为。可见,综合材料蕴涵着丰富的教育价值。为此,幼儿教师应多对其认识与研究,从而进一步充分利用各种材料,使其融入学前美术教育活动的过程之中,真正实现美育的价值。

在学前美术教学实践中,尽管孩子们的年龄小,对制作方法与材料的需求通常较为简单,制作过程也以简易为主,但是在材料的运用上却是可以多样的。孩子们可选择的材料是丰富多样的。在了解各种材料的特性、种类、多种质地、色彩、味道、式样、重量和其他特性的过程中,孩子们往往会被材料内在的视觉特性和触觉特性所吸引,从而产生浓厚的兴趣。这种对材料的兴趣,不仅能够激发孩子们学习美术的积极性,还能在运用材料进行制作的过程中获得新的体验和感悟。同时,通过多样化材料的运用,也可以帮助孩子们更好地认识自然、感受生活,从而培养他们对自然和生活的热爱(图12-2)。

图 12-2   综合材料手工作品

三、综合材料的艺术魅力

著名教育家布鲁纳曾经说过,学习的最好动力是对学习材料的兴趣。兴趣是学习美术的基本动力之一。学前美术教育应充分发挥美术特有的魅力,使教育内容与不同年龄阶段孩子的认知特征相适应,采用生动活泼的教学方式,充分激发孩子们的学习兴趣,并使这种兴趣转化成持久的情感态度。

在学前美术教育中,综合材料制作能将更多的材料巧妙地结合起来,更全面、更综合地借鉴了工艺美术的精华,更凸显出现代元素和审美取向。它巧妙地结合了更好材料,充分展现了学前美术教育的优势。因此,综合材料制作不仅是把材料简单地当作艺术形式的载体,而是在于最大限度地彰显材料的魅力,并为孩子们提供一个展现自我的平台(图12-3)。

图 12 - 3　用综合材料制作的玩教具

四、综合材料艺术制作的广阔空间

在自然界和人类社会中,蕴含着无比丰富的自然材料和人工制造材料,这些材料都有着自己的独特"语言"。如一张旧报纸、一块石头、一块碎布等都可能承载着一段情感或记忆。随着现代经济的发展与材料种类的丰富,综合材料艺术制作教学将展现出更加宽广的前景和发展空间。

在综合材料艺术制作教学中,教师应充分发挥各种材料本身所特有的材质美。综合材料为制作提供了广阔的发展空间。在教学过程中,材料能够充分调动孩子们的想象力、创造力以及审美创造力,同时在动手实践中训练他们的脑、手、眼协调能力。因此,综合材料制作是学前美术教学中必不可少的内容,且其重要作用日益凸显。

我们应深刻地意识到,综合材料艺术制作教学既可以与绘画相结合,也可以充分利用综合材料所具有的自由性和广泛性的特征。这有助于帮助孩子们开阔眼界,感受材料本身的材质美,同时也有助于培养孩子们的创造力。可见,综合材料艺术制作教学能够极大地拓宽孩子们认知自然领域的空间(图 12 - 4)。

图 12－4　综合材料装置作品

第 二 节　 种 类 及 形 式

一、材料的分类方法

各种各样、形形色色的材料虽然纷繁复杂,但是我们可以根据材料本身的一些特性、性质或者形态等来对材料进行归类。

根据材料的性质和制作手段,材料可分为:自然材料类、纸工类、泥工类、竹木工类、金石类、废旧材料类、印染类、编结类、刺绣类、缝纫类、雕刻类等。

根据材料的组成结构,材料可分为:木材、玻璃、石材、纸材、塑料、树脂、纤维、金属材料、纺织材料等。

根据材料的构成分类,材料可分为:非立体、立体、装饰的材料。

根据材料的资源分类,材料可分为:植物类、纸工类、废旧物品类、乡土类材料(图 12－5)。

根据材料的外部形态,可将材料分为:点状材料、线状材料、面状材料、泥状材料、块状材料和其他材料。

在这里,我们主要介绍根据材料的外部形态进行分类的材料。

图 12－5　不同材料制作的作品

二、不同外部形态的材料

材料的使用是手工制作的重要条件,所以材料的类型可直接影响其制作的效果。在美术教学实践中.有经验总结表明,按照材料外部形态来分类是一种较为简单且具有科学依据的方法。然而.无论根据什么标准来分类,关键在于清晰认识每一种材料的外部形态和材质特性,这样才能够巧妙地运用各种材料的性能进行艺术制作。

(一)点状材料

在美术领域中,点是呈多样变化的,点的形态可以是规则的,如正方形点、圆形点、椭圆点、梯形点、长方形点等,也可以是无规则的点的形态,如心形点、水滴形点、自由形点等。在大自然中,点是广泛存在的。从构成上看,点是最简约的造型元素。在综合材料的艺术制作中,运用点可以表现出很丰富的画面效果。在美学上,对点的大小、疏密、形态、起伏等经过艺术加工,就会呈现出很强的韵律、节奏、虚实、舒缓等音乐美感。

常见的点状材料有:各种坚果仁类、豆类、塑料点类、金属点类,以及种子、贝壳、小石头、沙子等所有呈现点状的材料。由于点是相对的,外形是丰富的。因此,只要我们如果用心地观察生活,就会发现在生活中到处都能找到可以利用的点状材料(图12-6)。

图12-6　点状材料及作品

(二)线状材料

线状材料在视觉领域中同样也是相对的,其实点的运动轨迹就形成了线。在视觉上,线呈现出精细、软硬、方向、长短、曲直等形态变化,让人产生不同的视觉感受。线有软线和硬线之分。软线是指生活当中各种棉线、毛线、麻绳、纤维线等质地较软的线;硬线是指各种金属线、树枝等质地较硬的线。线在我国有着几千年的发展历史,并在我们中华文化深厚的土壤中表现出极强的创造力与生命力,如书法是书写线条的艺术、丝绸是纺织线条的艺术等。线容易让人产生节奏、韵律、动感、优美等方面的美感,因此,线状材料艺术制作在形式美上发挥着重要作用。

常见的线状材料有软质线材和硬质线材。麻绳、棉线、泥绳、渔网、毛线、塑料线等,这些属于能轻易变化线形的软性质线材;筷子、木条、铁线、铜线、金属条等,这些属于不易变形的硬质线材(图12-7)。

图12-7　线状材料及作品

(三)面状材料

面状材料在视觉领域同样也是相对的,面有形状、大小、位置、空间等变化。面状材料具有形态各异、色彩丰富、材料种类众多、收集容易、运用广泛等特点。一般来说,蓝色、紫色等冷色面状材料,在视觉上让人产生后退、收缩感;红色、黄色等暖色的面状材料,在视觉上让人产生前进、扩张感。

常见的面状材料有:各种纸类和纸板、布类、塑料膜类、泡沫板、塑料板、有机玻璃、胶合板、金属板等各种不同材质与形状的面状材料(图12-8)。

图12-8　面状材料作品

(四)泥状材料

泥状材料是一种在日常生活中较为常见的软性材料。常见的泥状材料有:橡皮陶泥、色彩软陶泥、雕塑泥、彩色泥、纸黏土等软性材料。在学前美术教育中,橡皮陶泥使用较为广泛。它色彩丰富、材质细腻,深受孩子们喜爱,且易于孩子们操作。泥状材料艺术制作是孩子们极为喜爱的活动之一,能为他们带来无限乐趣(图12-9)。

图 12 - 9　泥状材料作品

(五) 块状材料

块状材料属于我们常见的固体材料,主要指所有具有长、宽、高三维空间的实体材料。常见的块状材料有:大小和形状各异的石头、木头、塑料、蔬菜类、水果类等。不过,块状材料不像面状材料那样,可以随手自行制作。自然界存在的块状材料往往形状各异、材质丰富、异彩纷呈。因此,我们可以根据孩子们的制作需要,收集不同的块状材料,创造出丰富多彩的作品(图 12 - 10)。

图 12 - 10　块状材料作品

(六) 其他材料

在日常生活中,还有些材料是经常用到的,如易拉罐、鸡蛋壳、各种羽毛、海绵、泡沫、塑料勺子、纸杯和各类玻璃瓶等(图 12 - 11)。

图 12 - 11　其他材料

第三节　综合材料的表现手法

在孩子们看来,材料是一种很有趣的东西,看似十分普通的材料经过自己的加工制作,会产生很美的艺术效果。在实践中,我们发现,大部分孩子比较喜欢可折、可柔性材料。但不管用什么样的表现手法,材料制作都要求孩子们充分了解材料,能利用其原貌,借助材料表达出肌理与情感。

材料制作是通过运用材料的质感来表达材质的特性。例如,常见材料的质感各不同:金属质感给人厚重冷硬的感觉;玻璃质感给人晶莹剔透的感觉;白纸质感则纯洁干净。材料的质感主要体现在粗犷与细腻、粗糙与光滑、坚硬与柔软、干涩与润滑等对比类型上。在材料制作活动中,孩子们通过接触各种各样的材料,利用材料的材质和质感,可以制作出具有材质语言美的手工作品。

一、点状材料类的表现手法

点状材料由于点的形状多样且材料种类丰富,能够通过粘贴、串连、拼贴、镶嵌等多种手法呈现不同的表现形式。在制作时,按疏密不同、大小不同、方向不同、色彩不同的方法,将点状材料排列,就会呈现不同的画面效果(图 12 - 12)。

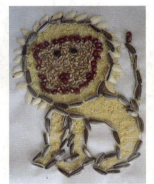

图 12 - 12　点状材料作品

二、线状材料类的表现手法

线状材料具有软硬、粗细、曲直、颜色等特性,因此其表现手法丰富多样。一方面,可根据需要将其制作成平面粘贴作品;另一方面,可将其制作成半立体的各种拼贴、剪贴或者线状纸浮雕。此外,通过立体的纺织、镂空,或利用线状树枝表现人物或动植物等,可以制作出各种线造型艺术作品(图 12 - 13)。

图 12 - 13　线状材料作品

三、面状材料类的表现手法

面状材料是学前美术教育中应用最为广泛的材料之一,其中以各种纸类最为常见。此外还有布料、树叶等。面状材料在生活中易于收集,既可用于平面剪贴,也可以与其他材料结合,制作出新的艺术作品。常见的面状材料表现手法有:折纸、剪纸、撕纸、拓印、纺织等(图 12 - 14)。

图 12 - 14　面状材料作品

四、泥状材料类的表现手法

泥土是大自然中最常见的自然资源之一。在学前教育领域,彩色橡皮泥是孩子们最喜欢的一种材料。它一般有六颜色、十二颜色和二十四颜色等。橡皮泥简便好用,但却容易干裂。

现在市场上出现一种软陶泥,十分好用,柔软性好,色彩鲜艳丰富。软陶泥无毒、无味、易成型且能永久保存,属于环保材料。它的最大特点是能和陶瓷、玻璃、金属、木材等材料结合使用。除此之外,陶泥也是学前教育领域使用最多的一种材料。常见的泥状材料表现手法有:连接、插接、相钩等。用泥状材料制作的作品题材有生活用品、各种卡通小动物、小人物和植物等。

陶泥的制作方法有:团、揉、搓、擀、捏、接、按、切、压等,这些方法在制作当中是相互运用的(图12-15)。

图12-15 泥状材料作品

五、块状材料类的表现手法

块状的材料有软硬之分,而且其本身就是立体的。在进行制作时,孩子们通常可以利用水果、面包、石头、木材、海绵等无毒且无害的材料,创造出非常有趣的艺术制作活动。块状材料的表现手法多以吊挂、主题制作为主(图12-16)。

图12-16 块状材料作品

六、其他材料类的表现手法

对孩子们来说,进行综合材料的制作实践,具有拓展认知、激发创新与创造的价值。在制作的过程中,孩子们能感受到成功的喜悦,体验综合材料艺术制作活动的乐趣。通过让孩子们用眼、耳、鼻、身、心等全方位感知不同材料的形、色、质等属性,不仅能有效地提高他们对生活的理解的能力还能熟悉各种技术材料的特性,掌握制作技术的多种手段。同时,孩子们可以学会发现材质的美感,运用艺术手段和丰富的想象力对综合材料进行合理巧妙地搭配与利用。此外,学前手工制作中也广泛运用了种类繁多、形状各异、色彩丰富、形象生动等其他材料,这些材料易于孩子们掌握。其表现手法也是多样的,可以根据需要在材料上进行平涂、粘贴、染色、捆扎、插接等操作(图12-17)。

图 12-17 其他材料制作的作品

第四节 综合材料艺术制作方法

前面我们介绍了材料的表现手法,下面我们开始来学习综合材料艺术制作方法。综合材料具有形式多样、种类丰富、颜色各异等特点,这就决定了综合材料艺术制作方法是呈多样性的。因此,在先认识材料的基础上,完成对材料的基本解读,清楚地知道各种材料的质感、形态、特点、颜色等是很必要的。

在对综合材料的研究中,我们发现材料与人们息息相关。人们在选择各种材料时,往往会考虑到这种材料的情感因素、材料本身的材质或特质。例如,白纸材料,它非常薄、较为柔软,韧性好,可折可剪,纸质洁白,常常给人一种纯洁的、高尚的感觉。人们为什么在很多工作或学习中都选用纸,是因为人们对纸是有情感的,对它有熟知感和认可感。可见,人们对材料的选择是有情感、有感知、有温度的,对材料的软硬、质地是认可和认知的。材料的艺术语言与人们的想法也是息息相关的。通过运用各种材料本身的质感和肌理,人们可以把材料本身所包含的美感充分表达出来。

一、认识工具

在开始制作前,我们先来认识制作材料的工具。常见的工具有:美工刀、剪刀、牙签、刻刀、直尺、圆规、三角器、订书机、白乳胶、强力胶、透明胶、图钉、锤子等。

二、点状材料的制作方法

用各种点状材料制作一只小猫的动物形象。

制作方法:

(1)在纸上设计好小猫的头部轮廓,用黄豆和胶水粘贴出小猫的头部,分别用深色的黑豆和绿豆粘贴出小猫的耳朵、大眼睛和嘴,以突出小猫的生动形象(图 12-18)。

(2)用红豆粘贴出小猫的身体部位,注意动态与比例(图 12-19)。

(3)用绿豆粘贴出小猫的四肢,调整完成作品(图 12-20)。

图 12 - 18　头部创作　　　　图 12 - 19　身体创作　　　　图 12 - 20　四肢创作

三、线状材料的制作方法

用各种线状材料制作一辆自行车作品。

制作方法：

（1）先用一根长的细铁线制作出自行车的基本框架（图 12 - 21）。

（2）再用橡皮筋与铁线串在一起作为自行车的轮子（图 12 - 22）。

（3）调整完成作品（图 12 - 23）。

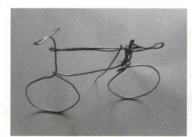
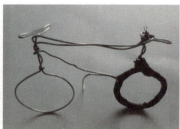
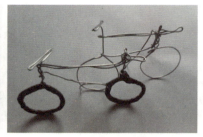

图 12 - 21　制作基本框架　　　图 12 - 22　制作轮子　　　　图 12 - 23　调整完成作品

四、面状材料的制作方法

用各种面状材料制作一幅荷叶青蛙粘贴画。

制作方法：

（1）根据需要事先设计好构图，用绿色的纸材料制作出荷叶，用红色的纸材料制作出荷花（图 12 - 24）。

（2）将收集来的各种不同形状与颜色的面状材料、纸材料、树叶，按需要用胶水粘贴出小青蛙的生动形象（图 12 - 25）。

（3）运用其颜色的纸材料粘贴画面背景，突出中心形象，调整完成作品（图 12 - 26）。

图 12-24　制作荷叶、荷花　　　　图 12-25　贴出小青蛙　　　　12-26　调整完成作品

五、泥状材料的制作方法

用软陶泥制作一个手链作品。

制作方法：

（1）根据需要先用不同颜色的软陶泥制作出一个漂亮小珠子（图 12-27）。

（2）用相同的方法按需要制作出多个相同小珠子（图 12-28）。

（3）在各个小珠子上钻一个小孔，用线把各个小珠子进行串联起来，调整完成作品（图 12-29）。

图 12-27　软陶泥小珠子　　　　图 12-28　制作多个小珠子　　　　图 12-29　串联

六、块状材料的制作方法

用不同的石块材料制作一幅海底乐园。

制作方法：

（1）根据块材的形状需要设计并画好几条鱼的形象（图 12-30）。

（2）在不同颜色石块材料上画出大小各异的鱼（图 12-31）。

（3）将绿色塑料剪成水草的形状，并与鱼连接起来形成一个生动整体（图 12-32）。

图 12-30　画出几条鱼　　　　图 12-31　画出各类鱼　　　　图 12-32　添加水草，完成作品

本章小结

　　本章从综合材料概述开始说起,先对材料与学前美术教育的关系及其广阔的发展空间进行分析,然后详细介绍了综合材料的分类及其表现形式。同时,对综合材料艺术制作的各种表现手法及制作方法进行系统分析。通过对综合材料的学习,旨在激发孩子们尝试运用各种不同的材料、工具、制作方法和表现手法来制作作品的兴趣,从而丰富孩子们的艺术体验。

　　综合材料的艺术制作以自己独特的形式和特点,在学前美术教育中占有重要的作用。材料制作不仅有助于培养孩子们的动手能力,还能够充分发掘孩子们的艺术潜能,增进其学习与交流分享制作的快乐。

教学做合一

　　随着科技的进步和社会发展,许多新材料被广泛运用在各行各业,请你思考一下,还有哪些材料和制作方法是本章中没有说到的,可以充分利用在学前美术教学综合材料的制作上。

第十三章

玩具设计

- 了解：玩具的概念及其在学前美术教育中的重要作用及意义。
- 理解：玩具的分类及其形式。
- 掌握：玩具的制作流程及设计对象的阶段定位。
- 应用：根据学前各阶段儿童的特征设计并自制玩具。

人的本质在于创造。艺术因虚构而生存,科学使虚构成为现实,正是虚构和推测使人超越了动物。而玩具则可以帮助人们通过游戏,在放松的状态下,真正挖掘出其潜能,摆脱束缚,从而继续探索无数的未知与可能。

第一节 玩具的历史

一、概述

玩具,顾名思义是人们在生活中用以玩耍、娱乐的器具。著名教育家陈鹤琴认为:"对玩具应作广义理解,它不只是限于街上卖的供儿童玩的东西,凡是儿童可以玩的、看的、听的和触摸的东西,都可以叫玩具。"玩具适合儿童,也适合青年和中老年人。玩具是打开智慧天窗的工具,让人们机智聪明。

儿童玩具的设计贴近儿童的生活,能使儿童在操作的过程中,轻松愉悦地表达感情,树立自信心,积累经验。

二、玩具的特点

(一)安全性

安全性是玩具必须具备的首要特点。好的玩具应使用好的材质制作,再加上吸引人的设计,这样才能使玩具更有价值。如果玩具很快就被玩坏了,孩子们会相当失望,因为他们刚由玩具激起的探索兴趣很快地被"浇熄"了。

儿童玩具必须是无毒的,且不可以有尖锐的边缘。它的零件的组合要非常牢固,以免松脱造成儿童误食。玩具不能含有害的化学物质成分,且不应使用易燃的材质。幼儿教师和父母应注意幼儿使用玩具的方法是否会造成危险,如应避免婴幼儿去玩有细长绳和小零件的玩具。

(二)开放性

好的玩具不会限定其玩法,可以让孩子们自己探索,在活动过程中开发各种可能的玩法。每一个孩子都是一个独立的个体,他的特质因人而异且应被尊重。开放性的玩具从来没有标准固定的玩法,它可以让孩子在每一个成长阶段,因想法的不同而产生新的玩法。孩子喜欢与同年龄人或家中大人一起玩,所以好的玩具要能使两个人一起玩。更重要的是,父母与子女一起玩还能够增进亲子之间的互动关系。

(三)童趣性

玩具的设计应能真实地体现孩子们的生活世界。好的玩具会让孩子们重复玩,以各种不同的角度思索,玩很久也不厌烦。孩子们永远是充满好奇心的,他们常常会发明出玩具的新玩法。此外,他们还喜欢运用想象力对玩具"动点手脚"。譬如说,给玩具加个轮子就变成能动的车子了,这会让他们感到高兴又有趣。

好的玩具能提供适当的感官刺激,如特别的声响、不同的触感、明亮的色彩及可爱的形状,可以用来刺激孩子们的视觉、听觉、嗅觉、触觉等。孩子们也可以借助玩玩具学到物体的基本概念,如大小、重量、颜色、平衡等。如果孩子们能接触到品质细致的玩具,也会有助于培养他们的审美观。

(四)认知性

认知性是指儿童玩具能揭示、反映社会及自然科学原理与常识,帮助儿童认知事物获取知识的特性。其价值在于帮助儿童学习和认知。例如,图片玩具能帮助幼儿认识事物、数字或字母;"姓名火车"玩具能帮助儿童拼出自己或他人的姓名;积木、七巧板能使儿童初步认识几何形体;日历跳棋游戏能使儿童以下棋的方式熟悉日历上的各种节假日与重要的历史纪念日;滑轮玩具则对学龄儿童理解滑轮的原理很有帮助等。此外,有人设计了儿童玩具显微镜,既可在室内观察玻片上的标本,也可拆卸带到室外观察实物,使儿童有机会大量认识微观世界。目前市场上出现了一类热门玩具——"科学玩具",它将科学活动游戏化,让儿童在玩玩具的同时了解科学现象与原理,有助于培养其观察力、动手能力及对科学的兴趣。如科学玩具"厨房里的化学家",可提供各种工具教儿童利用厨房里的各种调味料(如食盐、醋酸)或食物做化学实验,帮助儿童了解简单的化学知识。

(五)艺术性

艺术性是指儿童玩具在材质、色彩、造型、结构等方面具有强烈艺术感染力的特性。好的玩具本身就是一件艺术品,这一特性本身对于培养儿童审美情感、审美能力有着强大的功效。此外,强烈的艺术感染力是玩具发挥其教育功能的必要条件。当我们看到孩子们对那些形态生动、色彩鲜艳的玩具爱不释手的样子时,就知道艺术性有多么重要了。

三、玩具的起源

就中国来讲,距今 18000 年的"龙骨山姑娘"制造出了世界上第一件专门制作的骨制玩具——龙骨山骨制游戏棒。我国最早的球类玩具可追溯到距今 6000 至 10000 年前的新石器时代甚至于更早的时期。目前相关考证资料是 1958 年在陕西郊区的半坡村墓葬文化遗址出土的陶球和石球,它们散放在墓葬区内儿童遗骨的周围,被认为是当时的儿童玩具。类似的玩具还有很多,例如,河姆渡出土的中国第一套有榫结构的房屋模型玩具、第一套危险玩具——骨叉;大汶口出土的 5000 年前的中国第一套玉制玩具、第一套几何玩具"跑马岭梯形石";著名的三星堆青铜面具(图 13-1)等。这些都体现出先民极其旺盛的创造激情和寻找娱乐解放的强烈意识,显示出原始人的自娱心理需要和表达自我意志的愿望。汉代王符在《潜夫论·浮侈篇》中把玩具说成是"戏小儿之具"(逗小儿玩的东西)"或做泥车、瓦狗,马骑倡俳,诸戏小儿之具,以巧诈";宋代吴自牧《梦粱录》卷十三中道:"杭州大街,买卖昼夜不绝,四时玩具……"至此,正式的"玩具"一词方才始见,并一直沿用至今。

图 13-1   青铜面具

图 13-2   陶盒

(一)原始劳动生产和游戏是玩具起源的基础

自人类诞生以来,劳动和游戏事实上都属于人们改造世界的社会实践活动,并且相互密切联系、相辅相成,共同发挥作用(图 13-2)。

(二)民俗传统是玩具发展的生命轨迹

民俗即民间的风俗,是一个国家或民族中广大民众所创造、享用和传承的生活文化。民俗是人民群众在社会生活中世代传承、相互沿袭的生活模式,也是一个社会群体在语言、行为和心理上的集体习惯(图 13-3)。

图 13-3   中国传统玩具

在漫长的人类社会发展当中,人们生活中的物质生产、文化生产逐渐形成了自己的特点与风俗,并用以规范人们的生活。其中,就包括了对娱乐、玩耍等精神追求的规范和影响。玩具作为民间用具的一种,自然也就具备了民俗的特征。

在我国的各项民间活动中,由各色民俗延伸而成的玩具则更为我们所熟知。例如,春节庙会上的糖人、风车、空竹、风筝;早些年小街巷里男孩玩的抽陀螺、滚铁环,女孩玩的香荷包、唱着"马兰花"跳的橡皮筋等。这些曾伴随着我们长大而又似乎不起眼的"小耍货"无不体现出浓郁的中国民族化风情(图 13-4 至图 13-7)。

图 13-4 风车

图 13-5 风筝

图 13-6 陀螺

图 13-7 兔爷

1. 传统信仰中演化出的玩具

传统信仰主要是指由宗教信仰在民间所形成的某些民间风俗。比如自原始宗教起,人们就有着生殖崇拜的情结,而后来的佛教中又有送子观音之说,再到之后的民间广泛流传着的"开枝散叶、多子多福"等传统理想。按照这些民间风俗,出现了相关的一些玩具。

2. 从礼仪演化出的玩具

按照传统风俗,新生的孩子还会经历许多具有象征意义的庆贺活动,如洗三、作九、庆满月、过百日等。特别是到了孩子周岁时,有一个重要的"抓周"仪式。在这个仪式中,家长通常会给孩子准备抓选的小算盘、小木刀等具有象征意义的小物品。这些物品的选择不仅反映了民间对人生礼仪的重视,也体现了生产工具在特定文化情境中向玩具的转化。

3. 节日民俗中演化出的玩具

每个民族都有属于自己的节日,这些节日起源大致可以分为两类。一类是来源于自己特有的历史文化传统,如西方的圣诞节、感恩节、情人节等,都来源于西方的主流宗教文化;中国的春节、清明、重阳节等,来自我们的历史传统。另一类则来源于传统生产,特别是农业生产的需要。

综上所述,玩具的产生是建立在人类智慧和劳动所构建起来的社会物质生产基础上的,虽然其主要目的是娱乐,但玩具依旧是人类宝贵的文化财产。从新石器时代到现代工业社会,玩具的起源见证了人类自蒙昧状态到步入高度文明的整个过程,并且在劳动与游戏、民俗和宗教这几种不同的社会文化领域发挥了重要作用。

• 试一试 •

在玩具的发展过程中,我们将古代的一些装饰用品和其他器物理解为玩具概念的雏形,请分析理由并结合现实进行阐述。

第二节　玩具的分类

我们可以把玩具简单地理解为人们在生活中用以玩耍、娱乐的器具。但是,随着科学技术的发展,人们逐渐从繁重的劳动中解脱出来,有了更多的精神层面上的需求。这使得与玩具有关联的无形的文化、思潮、观念等,在深度和广度上日趋发展。

接下来,我们从材料、功能、技术、来源等各个方面来了解玩具的分类。

一、按材料分类

木、黏土、纤维、塑胶玩具,这是现在最常见、最重要的几种玩具类型。

木制玩具是玩具中的一大门类。由于其原料易得且可塑性强,因此由古至今,木制玩具的数量庞大、种类繁多(图13-8)。

图13-8　木制玩具　　　图13-9　布制玩具　　　图13-10　布老鼠

黏土玩具的种类繁多,主要有橡皮泥、水晶泥、轻质黏土、超轻黏土、手工艺黏土等。其中,超轻黏土又称为弹跳泥、轻泥,是一种无味、无刺激性的新型环保手工创作材料,主要成分为发泡粉、水、纸浆、糊剂。超轻黏土因其手感好、塑形能力强、自然风干后不开裂不变形等优异性能,迅速取代传统橡皮泥、陶土、彩泥等,成为备受儿童和手工爱好者青睐的手工材料。

纤维玩具就是指用各种化纤、棉、布、皮革、绒、纸等原料通过剪裁、缝制、装配、填充、整型、包装等工序而制作的玩具。纤维玩具的优点是美观大方、造型逼真、柔软、耐压、安全、卫生、开发智力且具有装饰性,适合不同年龄层次的人使用。纤维玩具也是历史比较悠久的玩具种类之一(图 13 - 9、图 13 - 10)。

塑胶玩具主要指各种用塑料、橡胶、树脂、硅胶等化学合成材料制作的玩具。由于塑胶的工艺精良,这类玩具通常可以有超高的制作水准和很高的精密度。塑胶玩具的色彩鲜艳、轻便精巧,可活动或可拆卸拼装,具有很好的观赏、收藏价值与玩耍性(图 13 - 11、图 13 - 12)。

图 13 - 11　塑胶玩具

图 13 - 12　工具

综合材料玩具的开发和运用是现代自制玩具制作课的基础。在幼儿园自制玩具教学实践中,材料玩具的内容和形式,应能够激发幼儿的兴趣、构思、联想和行为。在自制玩具教学实践中,材料内在的视觉特性和触觉特性,可以激发幼儿的制作兴趣。同时,自制玩具也给孩子们带来许多新的体验和感悟,活跃了孩子们的思路,培养了他们对自然和生活的热爱(图 13 - 13、图 13 - 14)。

图 13 - 13　综合材料玩具 1

图 13 - 14　综合材料玩具 2

二、按功能分类

根据功能进行分类,玩具可以分为启蒙玩具、主题玩具、益智玩具、科教玩具、音乐玩具、健身玩具等。

(1)启蒙玩具,专为婴幼儿设计的玩具,主要通过提供感知刺激和与婴幼儿进行互动来帮助他们探索世界、认识事物,开发智力和培养动手能力。(2)主题玩具,主要指社会生活玩具和角色玩具,通常包括各种职业服装、道具和小厨房等。主题玩具提供了一种让孩子模仿和探索不同角色的方式,帮助他们理解社会的结构和人际关系。对于幼儿园的孩子们来说,角色扮演游戏是非常重要的,它能帮助孩子们了解自己的身体、情感和想法,并提升他们的社交技能。此外,主题玩具也有助于提高孩子们的创造力、语言表达能力及问题解决能力。(3)益智玩具,是一种旨在通过玩乐过程来开发智力、增长智慧的玩具。益智玩具适合各个年龄段的人群,尤其是儿童和青少年。益智玩具通常涉及数学、逻辑、空间认知、创造力等方面的内容,可以通过各种方式来锻炼思维能力。例如,拼图、魔方、棋类游戏等都是常见的益智玩具(图13-15、图13-16)。(4)科教玩具,是一种结合了科学、技术、工程、艺术和数学教育的玩具。科教玩具旨在通过有趣的游戏和挑战,激发孩子们对科学和技术的兴趣,培养他们的创造力和解决问题的能力。科教玩具通常包括各种编程玩具、机器人玩具、科学实验套装等。通过玩科教玩具,孩子们可以学习编程、机械原理、电子技术、物理等知识,同时也可以培养他们的逻辑思维和创造力。(5)音乐玩具,是专为培养儿童音乐素养和激发音乐兴趣而设计的玩具,通常包括各种乐器玩具、音乐盒、跳舞毯等。通过玩音乐玩具,孩子们可以培养节奏感、音感和音乐创作能力。(6)健身玩具,是旨在鼓励儿童通过玩耍进行体育活动的玩具。孩子们在玩健身玩具时,可锻炼身体,提高身体素质和协调能力。例如,球类、跳绳、呼啦圈、滑板车、飞盘等都可以成为健身玩具。

图13-15　益智玩具

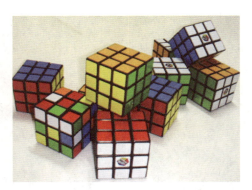

图13-16　魔方

此外,创意类玩具的"DIY"理念已经不是新鲜的名词了。玩具如何在大批量生产和保留个性之间找到很好的平衡点,创意类玩具中的"DIY"理念,可以说是一个非常好的尝试(图13-17、图13-18)。

　图 13 - 17　DIY 玩具 1

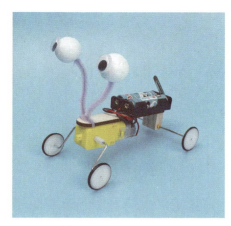
　图 13 - 18　DIY 玩具 2

三、自制玩具

　　自制玩具是指利用纸、布、针、线等各种不同的物质材料，通过、缝、折、剪等手段，自己动手制作平面或立体造型的一种手工制作活动。

　　很多年以前，大部分玩具都是自制的。但随着玩具生产的普及，玩具品种的增多，制作也越来越精致、细腻，加上各种各类电动玩具的出现，现在已很少有人自制玩具了。有些玩具往往容易产生负面效应，如束缚学前儿童的创造力，压抑学前儿童动手、动脑能力，影响学前儿童的智力发展。例如一些机械玩具、电动玩具，无须孩子们多动脑筋，只要学会"按动电钮"的动作就可以了。这对于孩子们的动手能力与创造力的培养并无多大帮助。倘若教师和家长能够巧妙地引导孩子们自己动手设计玩具，哪怕是最简单的纸折玩具、自制布娃娃，虽然制作的玩具并不美观悦目，但其效果却大不相同。自制玩具不仅使孩子们的智慧得到发挥，而且会使孩子们养成热爱自己的劳动、珍惜玩具等诸多好习惯，能在孩子们成长的道路上产生潜移默化的教育作用（图 13 - 19 至图 13 - 21）。

　图 13 - 19　自制玩具 1

　图 13 - 20　自制玩具 2

　图 13 - 21　自制玩具 3

· 练一练 ·

课后练习：

收集市场上各种玩具的照片或杂志图片,按照材质、功能、创意来源进行分类。介绍一个你最喜欢的玩具,向你的同学说一说为什么喜欢它以及它有哪些与众不同之处。

第三节　玩具的设计流程与定位

一、玩具的设计流程

玩具的设计制作首先应该明确它是针对哪些使用人群来进行设计的。在设计制作一款玩具前,首先要明确具体的对象,如是为男孩还是女孩设计的,是为多大年龄层次的儿童设计的,这些儿童具有怎样的喜好、智力及能力等。

玩具设计制作一般会经历提出问题、分析问题、解决问题、反馈问题几个步骤。

提出问题是玩具设计的起始阶段。作为玩具设计制作者,要明确作品设计方向,比如为哪个年龄层次的对象设计,为哪类人群设计。

分析问题是玩具设计的关键阶段。在确定设计目标后,对于设计任务的分析、对目标对象的调查是很重要的。如要思考为这些人群设计怎样的玩具,这些人群有着怎样的性格、特点、心理,以及要用什么材料与怎样制作等。

解决问题是玩具设计的主要阶段。在经过对市场调查分析确立了设计方向以后,就要面临着解决问题阶段。

反馈问题是将设计制作活动延续下去的重要环节。在玩具设计制作并投入使用后,它的使用对象与设想是否吻合,以及玩具自身的设计问题等,都有待于在以后设计制作中得以更好地解决。

二、玩具制作中草图的表现

在明确了设计方向,对于未来玩具有了大概的想法后,就要通过草图来进行快速表达。草图作为快速表达设计思想的手段,要求准确地将构思表达在纸面上,这是由思维到现实、由抽象到具象的第一步。草图的表达应尽可能做到清晰、完整,同时草图可以系列化。系列化的草图构思可以帮助设计者进行更多的选择(图13-22、图13-23)。

三、玩具设计制作定位分析

中国现代心理学家朱智贤先生的《儿童心理学》一书中,对各个时期的儿童心理与行为特征作了详细的描述。基于此,我们根据学前儿童心理与行为特征对学前儿童玩具设计特征进行分析。

图 13-22 草图 1

图 13-23 草图 2

（一）学前儿童心理特征

学前期是指儿童从三四岁到六七岁这一时期，这是儿童入校学习的准备时期，所以称之为学前期。在这个时期，儿童由于身心各方面的发展，初步产生了参与活动游戏的愿望，能自己独立地完成简单的日常活动，如穿衣、吃饭、扫地、收拾自己的玩具等，也希望自己能像大人一样参加日常生活活动。独立的活动能力与他们的实际能力产生反差，于是解决这种反差的最好方法就是游戏，在游戏中让他们扮演角色，以此来推动儿童心理向前发展。在这个时期的儿童不能很好地、有意识地调控自己的行为，心理活动有很大的随意性，会很容易被外界新颖的事物吸引和干扰。这也是为什么经常看到许多家长反映儿童喜好的变化，一会儿想学钢琴，一会儿想学绘画，几天后又对武术感兴趣。这些便是学前儿童心理特征反应的表现。

（二）学前儿童行为特征

3岁的儿童喜欢尝试自己完成简单任务，情绪波动较大，易受外界影响，但也在学习调节情绪。他们开始展现社交意愿，喜欢与同龄伙伴互动，但合作能力还在逐步发展中。语言表达逐渐丰富，但可能因急于表达而显得不够流利。3岁儿童的想象力丰富，喜欢进行角色扮演和创造性游戏，同时也喜欢模仿家长和同伴的行为。这些特征共同构成了3岁儿童活泼、好奇、多变的"成长画卷"。

4—5岁的儿童小幅度的运动变得更精巧了，这时他们在玩耍时需要更多的身体控制，能感受到简单的节奏、节拍；在游戏中已经有了明显性别区分，喜欢与同伴合作，分享游戏；具有逻辑思维能力，也能开始熟记一些诗词，记忆力有所发展；在绘画能力方面则表现在随意的、有意识无技法的涂鸦状态，能够了解简单的游戏规则和简单玩具的使用方法。

5—6岁的儿童特别活跃，他们的活动动作更为灵活，男孩能比较熟练地使用部分机械装置、杠杆等，女孩则能掌握较为复杂的舞蹈、手工活动等；具有挑战精神，会与其他儿童合作，能按次序等待，懂得游戏的规则和要求；能参与集体讨论，对计划有自己的安排和建议；对他人能产生情感共鸣，有一定的道德观念；说话有一定条理，能开始阅读一些简单的内容。

(三)学前儿童玩具设计特征

3岁儿童在行为上表现得更为独立、语言表达逐渐流畅、好奇心旺盛。适合的玩具和游戏包括拼图、积木、磁力片(锻炼手部精细动作和思维能力),滑板车、跳房子(锻炼大运动能力),以及角色扮演游戏(如过家家,培养社交技能)。这些玩具和游戏既能满足儿童的好奇心,又能促进其身心健康发展。

4—5岁儿童的玩具设计应兼顾体积适中与空间需求。他们开始使用绘画工具,可设计简单易操作的绘画玩具。同时,运动类玩具,如小型跳跳球等,能促进其跑跳能力的发展。在这时期,拼图类玩具可以提高儿童的认知能力、分析能力、想象力、观察能力。益智组类玩具可以培养儿童的空间想象能力及精细动手操作能力,从而加深对时间、动物、交通工具、不同人物角色的区分和房屋形状、颜色等方面的理性理解。此外,可设计带有表演的玩具,在游戏中以培养儿童的合作精神和独立解决问题的能力。

5—6岁的儿童面临着进入小学学习的情况,在玩具设计与定位上应侧重于与学校环境相适应,将游戏与学习相结合,这样让孩子们在与玩具的游戏过程中,有充分的心理准备和知识的积累。数字算盘、文字拼贴类的玩具可以在娱乐中启发儿童对形状、数、量的准确理解,为以后校园学习作准备。工具类玩具主要培养儿童的实际动手操作能力和手眼协调能力。参加集体活动用的工具类玩具,如种草、种花的小铲子、小喷壶等,也有助于培养儿童的合作能力与社会性发展。

四、自制玩具设计制作案例分析

在这里,我们主要介绍三个案例。

案例　袜子娃娃

1. 材料准备

一双好看可爱的袜子,两颗黑色塑胶珠子(用来做眼睛),白色毛线,针,线等若干(图13-24)。

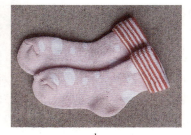

a　　　　　　　　b

图13-24　参考图与材料

2. 制作步骤

（1）制作头部。

① 把其中的一只袜子反转,依照图分成 3 份,把中间部分拿出来（图 13-25a、图 13-25b）。

② 用线把弧形的部分缝好,缝好后,均匀地塞上纤维棉（图 13-25c、图 13-25d）。

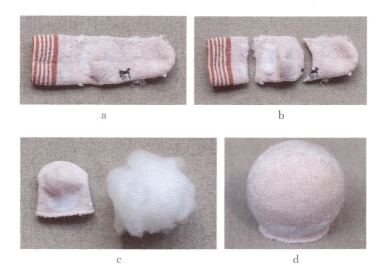

a

b

c

d

图 13-25　制作步骤

③ 用平针在开口周围缝一圈。把线上开口部分的袜子往里塞,然后用力拉线,把开口部分来紧。收紧后,打结,把多余的线剪掉（图 13-26）。

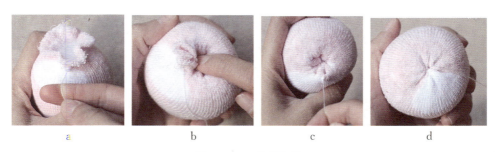

a

b

c

d

图 13-26　头部制作

（2）制作小手。

① 把袜子剪成如图所示的形状（图 13-27a）。

② 把袜子对半剪开（图 13-27b）。

③ 再进行修剪（图 13-27c）。

④ 把边缘缝好,留开口部分塞纤维棉（图 13-27d）。

⑤ 用线收口,两只小手就做好了（图 13-27e）。

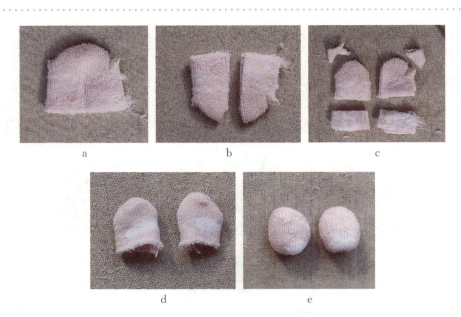

图 13－27　小手制作

（3）制作身体。

① 一只袜子反转，剪成如图所示右边部分的形状（图 13－28a）。

② 剪好后把周围缝好，留开口处塞入纤维棉（图 13－28b）。

③ 用针线把开口处缝好（图 13－28c 至图 13－28e）。

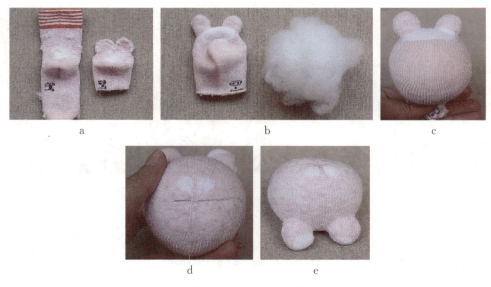

图 13－28　身体制作

（4）制作衣服。

① 用袜子的横条部分帮小熊做衣服（图 13－29a）。

② 把横条部分套在身体上,留出身体 1/3 部分,这样更显可爱(图 13 - 29b)。

③ 在衣服顶部缝上一圈,再把多余的部分剪掉一些(图 13 - 29c)。

④ 把线收紧一点,不用全部束紧。再把多出的袜子部分往里塞(图 13 - 29d)。

a   b   c   d

图 13 - 29　衣服制作

(5) 缝合。

① 把头部跟衣服缝合起来,完成身体的制作(图 13 - 30a、13 - 30b)。

② 缝上小手(图 13 - 30c、13 - 30d)。

(6) 制作五官。

① 把袜子顶部圆弧型的部分剪下来做鼻子。

② 塞入纤维棉,把鼻子缝在脸上,再绣上鼻子跟嘴巴。用珠针固定好眼睛的位置后,再用针线缝好(图 13 - 31)。

a   b   c   d

图 13 - 30　缝合身体

a   b   c   d

图 13 - 31　制作五官

(7) 制作帽子。

① 把另外一只袜子的横条部分剪下来,为小熊做一顶帽子(图 13 - 32a)。

② 把袜子横条部分套在小熊头上适当的位置(图 13 - 32b)。

③ 帽子边缘部分用针线跟头部缝合好(图 13 - 32c)。

④ 帽子顶部用线缝纫,束紧后打结(图 13 - 32d)。

图 13 - 32　帽子制作

（8）制作头发、耳朵。

① 用针线把毛线球固定在帽子顶部（图 13 - 33a）。

② 用珠针把一条条的毛线挑散，最后把多余的毛线剪掉（图 13 - 33b）。

③ 把剩余的袜子剪 2 片椭圆形然后对折，把它缝密（图 13 - 33c）。

④ 把耳朵分别缝在小熊头顶两侧，这样袜子娃娃就做好了（图 13 - 33d、13 - 33e、13 - 33f）。

图 13 - 33　调整完成

案例 **狐狸手偶的制作**

缝制手偶的流程：先分别缝制耳朵、鼻子、手臂和身体；再缝制头部，并把耳朵、鼻子和胡子固定在头部；然后把手臂和头部安接在身体上，完成狐狸手偶的制作（图 13 - 34）。

图 13 - 34　狐狸手偶

1. 布样准备

头部前片、后片各 1 片（图 13 - 35a、13 - 35b），耳朵 4 片（图 13 - 35c）。

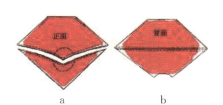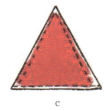

a　　　　　　　　b　　　　　　　　c

图 13 - 35　布样准备

2. 制作步骤

（1）把头部布样的前后片分别缝合好，然后把缝合好的耳朵从里面固定在头部耳朵的位置上，反口，耳朵就固定上了（图 13 - 36）。

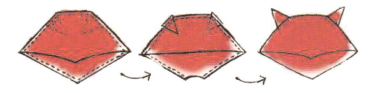

图 13 - 36　制作头部与耳朵

（2）把扇形的鼻子布样的两条边缝合，成为一个漏斗状，填入丝棉，就做成了鼻子。再把鼻子固定在头部中间位置上（图 13 - 37）。

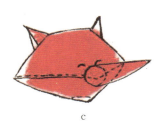

a　　　　　　　　b　　　　　　　　c

图 13 - 37　制作鼻子

（3）剪切白色长绒布成胡子的样子,固定在鼻子两侧(图13-38)。将布样对应缝合成两只手臂。

图13-38 制作胡子

（4）身体布样(2片),只缝合肩部和两侧,注意留出安接头部和手臂的口,以及手指操作的空间(图13-39)。

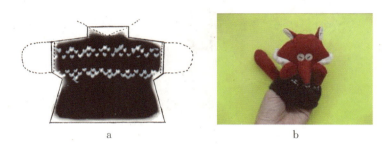

a   b

图13-39 缝合身体

案例 废旧材料玩具（小蜜蜂）的制作

1. 材料准备(尺寸根据奶瓶制定)

头部:皮肤色丝袜、棉花少许   帽子:12 cm×5 cm 紫色布 1 片
上衣:15 cm×6 cm 紫色布 1 片   腹部:15 cm×9 cm 条纹布 1 片
手掌:半径 2 cm 白色圆布 4 片   脚掌:半径 2 cm 紫色素布 2 片
头发:34 cm 棕色毛线 1 条   翅膀:14 cm×5 cm 白塑胶网 2 片
四肢:27 cm(脚)20 cm(手)皮带各 1 条   眼睛:4 mm 黑珠 2 颗
扣子:直径 1 cm 圆不织布(黄)2 片   触须:灰色蕊心 1 支

2. 制作步骤

（1）制作蜜蜂的身体。把上衣紫色布片和腹部条纹布片缝合成桶状,先把条纹布套在优酸乳奶瓶上,然后把紫色布反着套上去缝在条纹布上,再翻上去,把瓶口收紧(图13-40)。

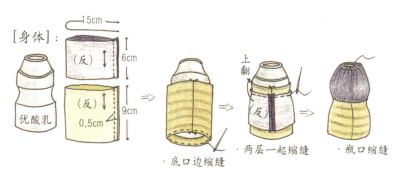

图 13-40　制作蜜蜂的身体

（2）制作蜜蜂的头部。剪开丝袜,塞入棉花,用线缠绕紧丝袜口。用大头针找出眼睛位置,钉好黑色小珠,做眼睛。用红色线绣出嘴巴。把棕色毛线对折 8 次,用线固定在头部顶部（图 13-41）。

图 13-41　制作蜜蜂的头部

（3）制作蜜蜂的帽子。把紫色布从反面缝合,反过来,在顶部固定好蕊心。布边内折 0.5 cm,固定在头部的周围（图 13-42）。

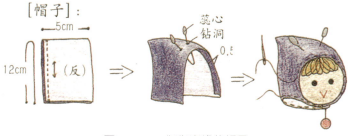

图 13-42　制作蜜蜂的帽子

（4）制作蜜蜂的翅膀（图 13 - 43）。

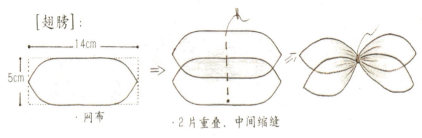

图 13 - 43　制作蜜蜂的翅膀

（5）固定蜜蜂的翅膀、腿。用针线把翅膀缝在蜜蜂的背部（图 13 - 44）。用细铁丝钩着细绳穿过瓶体的上部和下部，当作肢体。

图 13 - 44　固定蜜蜂的翅膀

（6）制作蜜蜂的脚和扣子。用无纺布剪成小扣子缝制蜜蜂胸部。剪直径 2 cm 的圆形布片 6 块，填入棉花，用针线收口，固定在蜜蜂手脚末端，当作手脚。最后，修饰一下蜜蜂宝宝的脸，完成作品（图 13 - 45）。

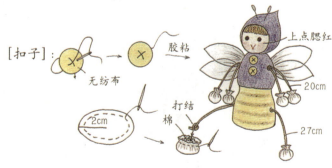

图 13 - 45　制作蜜蜂的脚和扣子

· 练一练 ·

课后练习：

（1）自选卡通形象，为4—5岁的儿童设计一个该卡通形象的创新造型。先绘制草图，确定方案后，再用软陶泥设计卡通动物造型。

（2）选择一个主流传统玩具形象，按照自己的想法对其外形、颜色、表现形式、材质等进行一切可能性的改造、创新、绘制，并使用相应的材料自行制作。

本章小结

　　玩具是传统民俗生活的重要媒介，承载着民众朴素的精神和观念，蕴含着丰富的人文价值。对于学前儿童来说，这种人文价值是滋润心灵的清泉，也是重拾童趣的媒介。

　　今天，玩具仍然在生活中占有重要的位置，我们需要学习如何通过现代设计手法的运用，将玩具的艺术特色和精神观念融入现代玩具设计之中。通过本章的学习，学生可了解玩具的历史发展、作用、分类，以及设计制作的基本流程和目的。在此基础上，学生能够进一步掌握玩具的制作技法，举一反三，创作出与众不同的作品，并将所学内容熟练运用于今后的幼儿园教学活动中。

教学做合一

　　在现代社会科技飞速发展的情况下，不断涌现出各种新的材料，请你思考一下，还有什么材料是本书中没有提到却可以利用在自制玩具上的。

第十四章

幼儿园环境创设

· 目标与导读 ·

● 了解：幼儿园环境创设的理论基础。

● 理解：幼儿园环境创设的内容和分类。

● 掌握：幼儿园室内外环境创设的内容与要点。

● 应用：初步具备根据幼儿园环境创设理论、幼儿园环境特点、幼儿年龄特点，创设幼儿园室内与户外环境的应用能力。

幼儿园环境创设是学前教育所关注的热点，是幼儿教师实现教育教学目的的途径之一，也是促进幼儿身心全面和谐发展所必不可少的基础条件。幼儿园环境创设包括室内和户外环境创设两大部分。如何才能创设一个有效的环境，以实现环境教育的目的呢？幼儿园环境创设具体包括哪些具体的内容？教师在创设环境时要注意哪些问题？本章主要围绕幼儿园环境教育的理论基础、幼儿园环境创设的内容与分类、幼儿园室内与户外环境规划与创设展开，并结合幼儿园的实际案例进行说明。另外，本章还增加了视野拓展部分，让学生在学习知识的同时，拓宽视野，了解更多关于环境创设的相关知识。

第一节 幼儿园环境创设概述

进入 21 世纪以来，环境教育作为一种隐性课程越来越为人们所关注。人们逐渐意识到，幼儿的学习更多的是与环境的接触，并在有意义的环境中通过与环境的互动发生相互作用的。环境成为促进幼儿身心发展的重要途径之一。

一、幼儿园环境教育的理论基础

幼儿园环境教育的意义在于，从幼儿教育的整体发展目标出发，根据幼儿的身心特点，创设适宜幼儿生存、探索、创造的环境。因此，从某种意义上来说，幼儿园环境是一种为了促进幼儿身心和谐发展而精心设置的环境。

（一）蒙台梭利——"有准备的环境"

蒙台梭利把环境比喻为人类的头部，认为环境对儿童整体的发展具有重要的影响。她提出教育有两方面的目的：一是生物目的，即帮助个人的自然发展；二是社会目的，即个人能适应并利用环境。而教育的基本任务是使二者相结合，使每个儿童的潜能在一个有准备的环境中得到自我发展的自由。

蒙台梭利特别强调环境对儿童发展所起的重要作用。她主张为儿童提供一个能激发其活动动机的预备环境。蒙台梭利对"有准备的环境"提出了以下标准和要求。

（1）必须是有规律、有秩序的生活环境。

（2）能提供美观、实用、对儿童有吸引力的生活设备和用具。

（3）能丰富儿童的生活。

（4）能为儿童提供感官训练的教材或教具，促进儿童智力的发展。

（5）可让儿童独立地活动，自然地表现，并意识到自己的力量。

（6）能引导儿童形成一定的行为规范。

因此，在蒙台梭利"儿童之家"中环境包括了教室、室外花园、操场、图书室、起居室、储藏室等。其中,教室又划分为日常生活、感官、数学、语文等七个活动区域,各个区域为儿童提供不同的"工作材料",满足各年龄、各发展水平的儿童的需要。

(二)瑞吉欧——基于环境的方案活动

意大利瑞吉欧的教育工作者认为,环境是一个"可以支持社会,探索与学习的容器"。他们将学校的一切方案活动都以环境创设为基础,把环境的教育价值摆在十分重要的位置。这些教育工作者认为,理想的学习空间可以提供优质的教育,因此在瑞吉欧学校中没有一处无用的环境。瑞吉欧教育环境主要有以下几个特点。

(1)"没有一处无用的环境"。瑞吉欧教育工作者赋予了环境全新的教育意义,从门口、教室、广场、工作坊、档案资料室等的精心设计到空间的开放利用,每一所幼儿园的环境中每一个角落,都依据不同的幼儿园、不同的教师、不同的儿童、不同的理念而设计出独特的风格,以适应儿童和教师的共同成长。

(2)开放、自主的环境。教室区域的开放性设置,艺术工作室丰富的废旧品材料,广场上为儿童和家长设置的游戏设施等,无不显示瑞吉欧教育工作者所强调的开放、自主的环境。

(3)环境是"第三位老师"。儿童通过"环境"这位老师进行方案学习。儿童可以在教室、艺术工作室、长廊、校园、操场等地方活动学习,也可以根据方案教学的需要到校外去学习。儿童通过方案活动的设计和实施,以环境为基础条件,促进儿童与儿童、儿童与环境、儿童与教师之间的互动。

(三)陈鹤琴——创设一个审美与科学的环境

陈鹤琴认为,要为儿童提供一个"室外尽可能开辟草场、花园、菜圃,栽培美丽鲜艳的花卉和蔬菜、绿荫浓浓的树木;室内也应该布置一些富有意义的挂图、画片、漫画和故事等,让儿童在这个美丽的环境里舒畅身心,陶冶情感"的审美环境,以及一个"尽可能带领幼儿栽培植物,布置庭院,从事浇水、锄草、收获种子等工作,并饲养动物"的科学环境。陈鹤琴指出,布置幼儿园环境应遵循以下三个原则。

(1)环境的布置要通过儿童的双手和大脑。不管是审美的环境还是科学的环境,陈鹤琴主要强调的是儿童动手与动脑的结合,因此环境布置要考虑既能满足儿童大脑的发展,又能满足儿童动手操作、创造的愿望。

(2)环境的布置要富于变化,即布置好的环境不能一成不变,要根据季节、时间、活动的变化而变化。

(3)环境布置的高度应与儿童的视线持平,即应考虑儿童的年龄阶段特点,合理创设环境。

(四)政策与法规的依据

幼儿园教育对于教育环境的规定与要求,从相关的幼儿教育法规、文件中都能找到依据。《幼儿园教育指导纲要(试行)》明确指出:"环境是重要的教育资源,应通过环境的创设和利用,有效地促进幼儿的发展。"这既强调了环境的重要作用,又对幼儿园的环境创设提出了总的要求。那么,关于幼儿园环境的创设和利用,幼儿教师需要具备哪些方面的专业技能呢? 对此,从我国 2012 年新颁布的《幼儿园教师专业标准(试行)》中可以找到相应的要求。它要求教师要具备专业理念与师德、专业知识、专业能力。在专业能力模块,还指出幼儿教师需具备的其中一项专业能力就是"环境创设与利用"的能力,具体要求教师要"建立良好的师幼关系,帮助幼儿建立良好的同伴关系,让幼儿感到温暖和愉悦;建立班级秩序与规则,营造良好的班级氛围,让幼儿感受到安全、舒适;创设有助于促进幼儿成长、学习、游戏的教育环境;合理利用资源,为幼儿提供和制作适合的玩教具和学习材料,引发和支持幼儿的主动活动"。由此可见,环境作为隐性课程在学前教育中发挥着重要作用。

二、幼儿园环境与幼儿园环境创设

幼儿园环境,是指幼儿园内幼儿身心发展所必须具备的一切物质条件和精神条件的总和。幼儿园的教育环境可分为物质环境和精神环境。物质环境指的是幼儿园的空间、设施、活动材料和常规要求等。精神环境就是教师与教师之间、幼儿与幼儿之间、教师与幼儿之间的一种良好的人际氛围。而"创设"是指由幼儿园环境的概念来界定幼儿园环境创设,即由幼儿园的全体工作人员、幼儿、各种物质器材、设备条件、人事环境以及各种信息要素,通过一定的文化习俗、教育观念所组织、综合的一切动态的、教育空间范围和场所。① 幼儿园环境创设是指幼儿园工作人员利用一切物质及信息要素,创造一个适宜幼儿身心发展的物质环境和精神环境。

由此,可以说,幼儿园环境创设的是一种手法多样的综合性装饰。它涵盖了绘画、雕塑、壁饰、民间工艺、设计构成、抽象艺术等多种表现形式,是顺应学前儿童身心发展的规律,集教育性、艺术性为一体的综合性艺术(图 14 - 1、图 14 - 2)。

图 14 - 1　我爱幼儿园(广西军区幼儿园)　　图 14 - 2　树形墙饰(广西军区幼儿园)

① 王忠民.幼儿教育辞典[M].北京:中国大百科全书出版社,2004:1135.

第二节　幼儿园环境创设的内容及分类

教育环境主要包括各种活动室、户外场地,以及所开展的主题活动、教育活动等环境;保育环境、盥洗室、厕所,以及吃饭、穿衣等生活活动环境。

幼儿园环境创设的内容是由幼儿园教育的性质和幼儿的身心发展特点所决定的。幼儿园教育是一种保教结合的教育,这就使得幼儿园的环境创设内容可以分为教育环境创设和保育环境创设两部分。但在实际的教育实践中,两种环境创设不是割裂的,而是相互交叉、相互渗透的。从幼儿身心发展的特点来看,他们正处在多个敏感期,是语言、动作、个性、思维、行为等发展的重要时期。因此,幼儿园的环境创设应当包括语言环境、运动环境、游戏环境和劳动环境等内容。

幼儿园环境创设的分类方法较多,学者们从不同的维度进行了分类。本书主要从立体空间和环境形态两个角度进行划分。

一、从立体空间上来分类

从立体空间上来说,幼儿园环境创设可以分为室内环境创设和户外环境创设。

(一)室内环境创设

1. 活动室的布置

活动室是幼儿园建筑的主要构成单位。活动室因其功能不同,分为班级活动室和专用活动室。班级活动室的环境主要包括吊饰、墙面、门庭、门窗、活动区角、角落等(图14-3)。专用活动室的布置,又因其功能不同而有所区别(图14-4、图14-5)。

图14-3　班级活动室(广西军区　　图14-4　美术创意室　　图14-5　科学发现室
　　　　　幼儿园)

墙面因其直观性、生动性和形象性的特点而成为环境教育的重要组成部分。幼儿园墙面的布置要求具有操作性、互动性、动态性、过程性,既能体现幼儿园的课程内容,又能为幼儿的发展提供支持。

2. 寝室的布置

寝室的布置主要包括墙面、天花板、电灯开关等的布置。

3. 盥洗室的布置

盥洗室的布置主要包括墙面、地面的布置等。寝室和盥洗室的创设，也可以统称为幼儿生活环境的创设。

4. 门厅

门厅是幼儿园的集散地。幼儿园可以根据门厅的不同类型、环境特点、主题活动、季节变化等进行门厅的环境布置。

5. 走廊

为了提高空间的利用率，走廊是一个很好的活动空间。无论是狭长的还是宽敞的走廊，只要布置得当就可以实现其装饰效果和教育效果。

6. 楼梯

楼梯是上、下楼的通道。楼梯的环境创设主要包括吊饰、墙面、楼梯转角、楼梯地面空间的创设与利用。

（二）户外环境创设

户外环境创设主要包括户外墙面、园门及围墙、园区绿化环境、户外游戏活动场、建筑物外墙面等的创设。

二、从环境形态来分类

从环境形态来说，幼儿园环境创设可以分为物质环境的创设和人文环境的创设。

（一）物质环境创设

幼儿园物质环境涵盖幼儿园所有室内外的活动设施设备。它主要包括房舍、庭院、运动游戏场、绿地以及相关的设施设备；幼儿园走廊、门厅、活动室、午睡室、多功能室、科学发现室等的墙面、窗户的装饰和布置等。

（二）人文环境创设

幼儿园人文环境，主要包括幼儿园人际环境和文化环境。幼儿园的人文环境是幼儿园生存和发展的内涵、灵魂。它主要包括：幼儿园的传统和幼儿园的园风园貌；办园指导思想；教职工的世界观、人生观、价值观、教育观；幼儿园的人际关系——园长和教师的关系、教师和教师的关系、教师和幼儿的关系、幼儿和幼儿的关系、教师和家长的关系；幼儿园的情感氛围;幼儿园里的各种文化艺术、娱乐活动等。①

　　此外,幼儿园环境还可以从其他角度,分为显性环境和隐性环境、教学环境和生活环境等。

感受德国幼儿园的环境教育②

　　德国是世界上环境质量最好的国家之一。这既应归功于德国完备、详尽的环境立法,更应归功于德国对环境教育的重视。

　　一、环境教育理念:注重情感与实践

　　德国环境教育学者赖纳·多拉瑟指出,在环境教育中"情感基础第一,不是认知第一"。针对幼儿这一特殊的教育对象,德国幼儿园注重把幼儿情感目标放在首位,认为只有让幼儿到环境中去认识自然、感受自然、欣赏自然的美,才能使他们真正热爱自然,关心环境。

　　二、幼儿园环境创设:崇尚自然

　　德国的幼儿园,给人最强烈的感受是环境朴素而自然。幼儿园就如同一座美丽的花园,园内有大片的活动场地,草坪、沙池、水沟以及花草树木,孩子们可以在园中尽情嬉戏。户外玩具如秋千、独木桥、摇马、跷跷板等都是原木做成的,木屑地、草地和沙地都是真实自然的。活动场地上放置了许多任由孩子们搬动的废旧材料和自然物,如旧轮胎、木板、梯子等。在这里,孩子们是自由的、放松的、充满探究欲望的。他们即使玩得浑身沙泥,也不会受到教师的训斥和限制。他们从中获得的不仅是知识,更多的是创造的乐趣,以及与自然亲近的美好感受与体验。

　　幼儿园的室内布置处处洋溢着一种纯朴自然的清新感:简单的原木家具,随处可见的绿色植物,树根、干草编制而成的艺术造型……活动室墙上贴的、挂的都是幼儿的作品,幼儿园里每一个角落都体现了孩子们独具匠心的构思与设计。

　　三、户外活动:灵活多样

　　幼儿教师除了努力将保护环境、善待自然的理念渗透在课程中以外,还应精心策划户外活动,带领孩子们走到森林、田野中去接触和探究大自然。

　　(一)别开生面的"森林日"

　　德国的幼儿园没有统一的课程要求,但它们几乎都把环境教育作为重要的内容之

---

① 汝佳茵.幼儿园环境与创设(第二版)[M].北京:高等教育出版社,2012:3.
② 王盈盈.感受德国幼儿园的环境教育[J].幼儿教育(教师版),2007(07):19—21.

一。孩子们每天除了进入花园活动外,每个小组(混龄班)每周都有一个"森林日"。他们在森林里认识动植物,探究动植物的生长过程,感受四季的气候变化。教师常常通过让孩子们闭上眼睛躺在树林里倾听自然界的每一种声音、用手触摸树林里的各种生物等游戏方式去深刻地感受自然。此外,还让孩子们扮演植物的各个部分,体验植物如何从土壤里汲取养分、如何抵抗昆虫的入侵;带领孩子们种花植树,种植庄稼,感谢大自然的恩赐……

（二）全天候的户外活动

Wald(沃德)幼儿园是一所不同寻常的森林幼儿园,孩子们整天在森林或户外活动。德国大约有 370 多个森林幼儿园,人们称它们是"没有房顶和围墙的幼儿园"。

该幼儿园有两个混龄小组,每组约 20 个孩子,还包括两个专业教师、一个实习员和一些志愿者。他们在森林中的主要活动是观察植物和小动物,有时玩一些探险游戏。中午,大家围坐一圈,分享各自带来的食物,谈论各自在树林里的新发现。

（三）丰富的环境教育资源

充分利用当地环境教育资源,如环境教育中心、自然博物馆及国家公园等环境教育机构。德国几乎每一个市镇都有类似机构,它们一方面承担着培训中小学及幼儿园教师的任务,另一方面为学校提供户外活动的场所。如法兰克福的环境教育中心主要是让孩子们观察动物、经历种植过程、食用有机蔬菜以及学习如何减少浪费等。"环境教育中心"有真正的蜂窝、鸟巢,供孩子们考察学习用。

第三节 幼儿园室内环境创设

室内空间环境主要是指幼儿园主体建筑物的内部环境。幼儿园室内环境主要由活动室、寝室和盥洗室、门厅、走廊及楼梯等几部分组成。

一、活动室的规划及创设

活动室的布置包括班级活动室和专用活动室,在本书中主要来介绍班级活动室的环境布置。活动室是提供幼儿室内游戏、进餐、集体教育活动的用房,是幼儿园园舍的主体。

活动室的布置主要包括:吊饰、墙面、窗户、活动区角,以及室内角落、衣帽间等其他环境的布置等。

(一)吊饰

　　吊饰是指悬挂于天花板、门窗、墙面的装饰物,这些装饰物可以自制也可以购置。吊饰在班级活动室或各类活动室、大厅等得到广泛运用。此外,走廊、门厅等也大多会悬挂吊饰。这里所指的吊饰主要是室内的吊饰。

　　吊饰的布置技巧:

　　(1)吊饰的位置要根据需要悬挂,不可随意悬挂,否则会造成视觉上的混乱。

　　(2)吊饰的内容和形式应结合主题教学内容或季节而定,形成整体呼应效果。

　　(3)吊饰的悬挂还要注意大小、重量、高度是否符合安全的要求(图14-6、图14-7)。

图14-6　彩色花球吊饰(上海虹口区实验幼儿园)　　图14-7　纸杯花吊饰(上海虹口区实验幼儿园)

(二)墙面

　　墙面因其直观性、生动性和形象性的特点而成为环境教育的重要组成部分。幼儿园墙面的布置要求具有操作性、互动性、动态性、过程性。

　　墙面布置的种类可以从使用功能和性质进行划分。

　　根据使用功能的不同,墙面可分为功能墙面和常规墙面。功能墙面有明确的功能要求,如"班标""室标""家园共育栏""作息时间表"等(图14-8);装饰墙面则以装饰为主要目的(图14-9)。

图14-8　葡萄班班牌(成都市新加坡温森国际幼儿园)　　图14-9　欢迎小朋友(广西北海市机关幼儿园)

根据性质的不同,墙面又可分为常规墙面、主题墙面和互动墙面三大类。其中,常规墙饰主要体现为针对幼儿园各区域墙面做的具有装饰性和功能性的墙饰。比如,"室标"和"班标"的创设、各类宣传板(栏)创设、午睡室墙饰创设、活动区墙饰创设、园内环境墙饰创设等(图14-10)。

图14-10　家园彩虹桥(南宁市金湾花城幼儿园)

墙面布置是幼儿园环境的重要组成部分。在布置墙面时,要遵循教育性、参与性和艺术性的原则,注意墙面与教室布置的整体效果。

在幼儿园中,墙面还可以根据不同的需要进行划分。在本书中,我们主要介绍根据性质不同而划分的主题墙面、常规墙面和互动墙面。

1. 主题墙面

主题墙面是指围绕相关教育活动和生活活动内容为主题的各类墙饰,具有鲜明的主题和很强的互动性。它主要包括:教室主、副墙面,环境图示,各活动区域的布置等。主题墙面是墙面内容由与某个主题相关的图片、文字、作品等相关的资料组成,经过一定的构图、设计而成的墙面。幼儿园的主题墙面主题一般来源于幼儿园教育教学活动、幼儿的生活活动、季节变化、重大节日等。主题墙面的布置不仅要关注其装饰性,更应重视其教育性、操作性、互动性、动态性、过程性等特点(图14-11、图14-12)。

图14-11　中国传统节日(广西北海市机关幼儿园)　图14-12　好玩的民间游戏(广西北海市机关幼儿园)

2. 常规墙面

常规墙面指在幼儿园各区域场所所做的装饰性或功能性墙面。常规墙面的主要作用在于装饰和美化环境,给予人美的感受和艺术的熏陶。此外,常规墙面使用的时间较长,在布置时还应注重墙面设计的整体性、艺术性与装饰性等(图14-13)。

图 14-13　走廊常规墙面(广西军区幼儿园)

3. 互动墙面

互动墙面,即旨在促进教师与幼儿、教师与家长、幼儿与幼儿、幼儿与家长、幼儿与环境的相互交流、互动的墙面。互动墙面是鼓励幼儿参与墙面材料的准备和制作的过程,由师生互动共同完成创作的一种墙面。这种墙面以促进幼儿发展为主要目的,紧紧围绕教育目标和教育内容,充分发挥幼儿的主体作用,从而能最大限度地发挥墙面的教育作用。

多数互动墙面都具有可操作性,因此,它也称为操作墙面。互动墙面因其对象的不同、位置的不同、内容不同等,在布置互动墙面时要因人而异、因地理位置巧妙地进行布置(图 14-14、图 14-15)。

图 14-14　极速管道滑(广西北海市机关幼儿园)

图 14-15　娃娃看天气(广西北海市机关幼儿园)

幼儿园墙面布置遍及幼儿园各个角落。教师在设计与布置时,应考虑以下内容:墙面内容的选择要符合幼儿的年龄和心理特点;墙面与整个环境的整体性;墙面内容、色彩、构图等应与整个环境相协调等;遵循教育性、参与性和艺术性原则,注意墙面与教室环境的整体效果等。

幼儿园墙面设计与布置的要点如下:墙面设计与布置的内容应符合幼儿的年龄特点与心理特点(图 14-16);表现手法和装饰风格应一致;布置不宜过满、过杂;墙面布置不宜太高,以不超过幼儿的耳部为宜;注重画面构图、情节的对比等。

图 14-16　喂喂小动物(广西军区幼儿园)

（三）窗户

幼儿园活动室的窗户是环境创设的组成部分，但也是常常被人们忽视的内容。一般常见的窗户装饰有平面贴画和悬挂物两种，其使用的材料也十分丰富。

窗户的布置应以简洁、美观、实用为主，并与活动室的主题相符。窗户的主要功能是采光、通风，因此在布置窗户时应注意尽量不要遮挡光线和视线。一般可以在窗户的边角利用较小的装饰物进行点缀，或者在窗户边框上进行装饰（图14－17）。窗户的作用在于采光和遮风，一般来说以不能妨碍窗户的使用为原则，装饰物不宜过多，避免给人凌乱和杂乱的感觉。

图14－17　花盆（拍摄于南京某幼儿园）　　图14－18　自然角——我们的植物（拍摄于南京某幼儿园）

（四）活动区角

活动区角是班级活动室的重要组成部分，一般划分为生活区、角色表演区、语言区、科学区、建构区、手工区、表演区自然角等（图14－18）。生活区主要培养幼儿生活能力，如生活自理能力、手眼协调能力等。区角活动环境创设要注意以下几个原则。

1. 根据幼儿年龄特点设置活动区角

在区角活动中，教师应根据不同年龄段幼儿的身心特点布置和投放不同层次的活动材料，做到有的放矢。

建构区的设置应考虑不同年龄幼儿的特点。小班幼儿善于模仿和小肌肉群不够发达，可为他们提供体积大、便于取放、类别相同的建构材料；大班幼儿动手能力强、思维敏捷，可为他们提供具有多样性和精密性的建构材料，以满足他们的探究和自主发展的需求（图14－19）。

社会性区角在设置上也应考虑幼儿的年龄特点。角色简单、分工明确的娃娃家，应设在喜欢模仿、社会经验欠丰富的小班，利于培养幼儿的交往能力。像医院、邮局、理发店、银行等这些社区的服务设施，可设在中、大班，并鼓励幼儿在充分参观、了解的基础上，在区角活动中开展创造性的活动，从而促进幼儿社会性的发展（图14－20）。

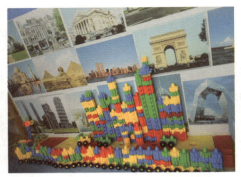 

图 14-19   大班建构区（广西北海市机关幼儿园）   图 14-20   小商店(广西南宁市教育系统幼儿园)

2. 根据幼儿兴趣设置活动区角

在区角活动中，我们会发现幼儿的已有经验、能力、兴趣及性格方面各有不同，会表现出不同的兴趣点。如有的幼儿喜欢甜点屋、宠物餐厅、理发店等区角，而有的幼儿则喜欢渔村农场、海底套圈、小小建筑物等区角(图 14-21 至 14-24)。随着年龄的增长，幼儿的兴趣点也会发生变化。因此，我们在设置区角时应根据幼儿不同的兴趣点设置不同的区域。

图 14-21   宠物餐厅(广西军区幼儿园)   图 14-22   大墩海渔村(广西北海市机关幼儿园)

图 14-23   海底套圈(广西北海市机关幼儿园)   图 14-24   快乐超市(广西军区幼儿园)

3. 区角活动与日常教学活动有机结合

区角活动与日常教学活动室是密不可分、相互补充的关系。教师可将日常未完成的教学内容、幼儿感兴趣的教学活动在区域活动中继续进行，以满足幼儿的活动兴趣，并不断丰富其经验（图14-25、图14-26）。

图14-25　茶店（广西南宁市教育系统幼儿园）　　图14-26　宝贝家（广西军区幼儿园）

（五）其他

1. 室内角落

室内角落如果装饰得当、巧妙，就会提升整个活动室环境创设的效果，成为使人眼前一亮的风景。室内角落的布置，要求教师要别出心裁地运用角落的地理位置，如电箱、电风扇、电开关等加上"防护罩"的装饰，既安全又能美化环境（图14-27、图14-28）。

图14-27　电箱装饰（广西军区幼儿园）　　图14-28　墙角装饰（广西北海市机关幼儿园）　　图14-29　衣帽间（广西北海市机关幼儿园）

2. 衣帽间

在幼儿园中，有些班级的衣帽间与班级活动室相连接，有的则设在班级活动室的门厅处。衣帽间可放置幼儿的衣物、书包、鞋子，应选择木质储物柜为宜。衣帽间不需要做太多的墙面装饰，布置一面常规墙饰即可（图14-29）。

 视野拓展

幼儿园专用活动室的环境设计

目前，越来越多的幼儿园陆续开设了幼儿专用活动室，有的幼儿园出于课程平衡的目的开设专用活动室；有的幼儿园出于支持幼儿个体学习的需要开设专用活动室；有的幼儿园为了园所特色项目做深化研究而开设专用活动室。幼儿园专用活动室是一种开放的活动环境。在活动室中，教师鼓励幼儿自主选择、自主探索，在和材料、环境的相互作用中获得身体、情感、认知及社会性等各方面的发展。鉴于专用活动室在幼儿园的重要地位，在此整理一些较好的幼儿园专用活动室环境设计供大家学习。

一、音乐活动室

音乐活动室的形状应轻快、活泼并有儿童建筑的特点，除设计成长方形、正方形外，还设计成多边形、圆形及一端呈圆弧形的平面形状。活动室位置应坐北朝南，设计较大的窗户保证采光与通风；与各班级活动室既要联系方便，又要有适当的距离。音乐活动室的墙面设计要符合幼儿的年龄，简洁、美观，让幼儿易于理解。地板铺设最好是实木地板，避免幼儿光着脚丫跳舞时着凉（图14-30、图14-31）。

图14-30　音乐活动室1　　　　　图14-31　音乐活动室2

二、美术活动室

美术活动室是供幼儿园开展各种美术活动的场所。通过开展欣赏、绘画、手工等活动，培养幼儿的观察、想象和艺术创造力，并提高幼儿的表现和审美能力，激发幼儿对生活的热爱和对美好事物的向往（图14-32、图14-33）。

图 14-32 美术活动室 1

图 14-33 美术活动室 2

三、图书室

为了更好地采光,给幼儿一个明媚的读书环境,图书室的窗户一般以朝南为主。图 14-34 口的图书室就设计得人性化,座位都是用软包给包起来,这样可以让幼儿提高对空间的预知性,清楚地知道哪块空间是安全的、适合阅读的。浅黄色的墙壁给幼儿一种温馨的感觉,幼儿在这样中的环境中阅读图画书是很舒服的(图 14-34、图 14-35)。

图 14-34 图书室 1

图 14-35 图书室 2

四、科学发现室

幼儿园科学发现室的面积以 50 m² 为宜,平面形状以矩形为宜,这样既便于展台、工作室、橱柜等的布置,也便于教师能观察到室内每个角落。倘若平面不规则,教师就必须根据活动内容的不同进行功能分区,从而使室内空间组织井然有序。

科学发现室内有些展示品是提供给幼儿观察认知的,如各种鸟、蝴蝶等的标本需要挂在墙上陈列;而观察仪器需要放在桌面上供幼儿动手使用。为了使一些观察活动、演示活动能够正常进行,需要配置水池、插座等。此外,科学发现室需要有一面实墙,以便设置橱柜,供仪器、物品等存放(图 14-36,图 14-37)。

图 14-36　科学发现室 1

图 14-37　科学发现室 2

二、寝室的规划及创设

　　寝室的布置以营造温馨、安静的环境,促进幼儿的睡眠为主要目的。因此,寝室的规划及创设要注意以下几个方面。

　　(1) 寝室应有空调和风扇,以保证通风、温度适宜。

　　(2) 床的摆放要保持一定间距,避免幼儿卧床时紧密接触,床要坚固稳定。

　　(3) 寝室的色彩以浅色调为主,可选择浅绿色、浅蓝色、浅粉红等;为避免整体的单一色调,应设计一点花纹、图案的点缀其间;室内光线要柔和(图 14-38、图 14-39)。

　　(4) 室内应有专用的消毒灯,进行定期的消毒。

图 14-38　寝室 1(广西军区幼儿园)

图 14-39　寝室 2(广西北海市机关幼儿园)

三、盥洗室的规划及创设

　　盥洗室的环境的规划及创设要注意以下几个方面。

　　(1) 卫生整洁、通风、采光好。

（2）卫生设施如水杯架、毛巾架等高度与大小要符合幼儿的身高（图 14 - 40、图 14 - 41）。

（3）地板进行防滑处理，在地板上粘贴标识提醒幼儿。

（4）环境标语、图示等应该简洁、便于辨识；颜色使用应简单、明快（图 14 - 42）。

图 14 - 40　盥洗室（广西北海市机关幼儿园）

图 14 - 41　杯架（广西北海市机关幼儿园）

图 14 - 42　图示：今天喝了几杯水

四、门厅的规划及创设

门厅是幼儿园对外的宣传窗口。它的自身艺术形象以及门厅中的展橱都能给外来者以深刻印象，起到宣传、广告的作用。同时，门厅也是幼儿园教师、家长、幼儿的"集散地"。不同类型的门要根据不同的空间特点选择不同侧重点进行规划及创设。例如，半敞开式门厅，可以考虑采用装饰壁画；架空式门厅，可以装饰悬挂物、设置区角活动等；封闭式门厅，可设计成作品展示区、宣传栏等。

门厅环境的规划及创设要注意以下几个方面。

（1）门厅比较宽敞的，可以考虑采用大型装饰壁画，包括组织多名幼儿进行绘画、剪纸、手工作品的集体创作等。

（2）根据主题活动、季节的变化或根据门厅的结构进行布置（图 14 - 43）。

（3）可设置成橱窗、展柜，陈设幼儿手工作品（图 14 - 44）。

图 14 - 43　门厅 1（图片来自儿童空间网）　　　图 14 - 44　门厅 2（成都新加坡温森国际
幼儿园）

五、走廊的规划及创设

走廊空间的利用与环境的规划、创设，可根据走廊的宽窄进行不同的规划。走廊的规划及创设要注意以下几个方面。

（1）走廊一般可设为展示区，或设置为各类橱窗、展示栏等。也可陈设为学习长廊，帮助幼儿学习一些科学小常识（图 14 - 45）。

（2）宽敞的走廊可设置为幼儿的活动区域，利用家具或玩具进行隔断（图 14 - 46）。

图 14 - 45　工程师小宝典（上海虹口实验幼儿园）　　图 14 - 46　设置为活动区域（上海虹口实验幼儿园）

（3）狭长的走廊可以设置为橱窗、展示栏展示师幼的书画、手工作品（图 14 - 47、图 14 - 48）。

图 14 - 47　作品展示栏（广西军区幼儿园）

图 14 - 48　画廊（上海虹口实验幼儿园）

六、楼梯的规划及创设

楼梯的规划及创设要注意以下几个方面。

（1）装饰不宜花哨、太鲜艳，装饰物不宜过多（图 14 - 49）。

（2）充分利用楼梯转角、楼梯底部的空间（图 14 - 50、图 14 - 51）。

（3）楼梯应设置上下两层且符合不同幼儿身高的扶手（图 14 - 52）。

（4）色彩简单明快，应以白色、灰蓝、灰玫红等中性色调为主，再辅以少量鲜艳的颜色，起到对比、活跃的作用。

图 14 - 49　楼梯墙面（广西军区幼儿园）

图 14 - 50　楼梯转角装饰（广西军区幼儿园）

图 14-51　楼梯底部空间(上海虹口实验幼儿园)　　　图 14-52　楼梯(上海虹口实验幼儿园)

第四节　幼儿园户外环境创设

幼儿园户外环境创设是指幼儿园户外的空间和游乐设施的设计与布置。在这一节中，主要介绍幼儿园户外活动区域、户外墙面、绿化环境、园门及围墙的规划与创设。

一、户外活动区域

户外活动区域可划分为玩沙玩水区、攀岩区、观赏区、种植区、动物饲养区、绿化区、大型器材游戏区等。不同的区域在具体的环境创设时，应有所不同。

户外活动区域的布置要注意以下几个方面。

(1) 游戏设施的高度要符合幼儿的身高和年龄特点(图 14-53)。

(2) 游戏材料的投放要考虑幼儿的年龄特点和个别差异性，有层次、科学地投放材料。

(3) 不同大型器械的位置应根据幼儿的年龄特点、场地特点、器械的功能和幼儿体育活动的规律进行放置(图 14-54)。

二、户外墙面

户外墙面的装饰要注意以下几个方面。

(1) 户外墙面一般可作为攀岩墙、涂鸦墙、投掷墙等功能性墙面，也可作为展示某一主题内容的主题墙(图 14-55)。

图 14－53　玩沙池（上海虹口区实验幼 　　图 14－54　大型游戏器械（广西军区幼儿园）
　　　　　　儿园）

（2）户外墙面因其涉及面积大、受日晒雨淋、难更换等特点，在进行布置时可以使用木头、瓷砖、油漆等不易损坏和变色的材料。

（3）户外墙面的布置应富有文化与教育气息，且具有童趣和艺术美。

图 14－55　户外墙面（广西军区幼儿园）　　图 14－56　户外绿化（上海虹口区实验幼儿园）

三、绿化环境

绿化环境是户外环境中的主体，是塑造幼儿园充满大自然情趣的重要因素。绿化环境对户外环境的美化作用如下：一是植物本身形象与色彩的美；二是可以组织空间，丰富空间的层次，使环境条件改善并富有生气，使人感受到空间的亲切和充实。通过不同形式的组合与户外环境的设施、道路、娱乐、运动器械以及各个区域的配置，可使绿化环境形成具有幼儿园特色的环境。

绿化环境要注意以下几个方面。

（1）以自然为主，通过种植草、灌木、乔木等多种植被，形成高低错落，轮廓多变的小森林（图14-56）。

（2）植被要以常绿为主，适当栽种一些四季分明的树木，并点缀不同季节的各种花卉，这样就能营造出颇具特色的户外环境。

（3）植被的选择要考虑安全，不能选择有毒、有刺等容易引发危险的植物。

四、园门及围墙

园门及围墙是幼儿园的"第一张脸"，幼儿园给人的总体印象如何可以一定程度上从园门及围墙上反映出来。因此，幼儿园大门及围墙的设计与布置显得尤为重要。

园门及围墙的设计应该与幼儿园的整体环境和建筑风格相协调，并能体现幼儿园的教育理念（图14-57）。

图14-57　园门及围墙（广西军区幼儿园）

• 练一练 •

幼儿园环境创设是贴满就好吗

在幼儿园中，我们常常听到老师说"幼儿园环境嘛，贴满就好了"。可事实真是如此吗？请你欣赏以下两幅幼儿环境创设图片，并分析两个墙面的规划与创设有哪些不足之处？请你结合本章所学知识，重新设计以上墙面，并与同学一起分享你的观点。（图14-58、图14-59）。

图14-58

图14-59

•练一练•

幼儿园区角活动环境规划与创设的对比

请你欣赏以下幼儿园区角活动环境创设图片,并依据区角活动的规划与创设要点,分析这两个区角活动环境的优点与不足之处(图14-60、图14-61)。请你结合本章所学知识,提出改进的方案,并与同学一起分享你的观点。

图14-60　小舞台(广西军区幼儿园)

图14-61　小舞台(广西第三幼儿园)

 本章小结

　　本章主要让学生了解幼儿园环境创设的理论基础、分类以及具体内容。在此基础上,掌握幼儿园室内与户外环境创设的内容与要点,并能初步具备创设幼儿园室内外环境的应用能力,为适应幼儿教师岗位所需的环境创设工作做好知识和经验的准备。

教学做合一

　　1. 什么是幼儿园环境创设? 你认为有效的幼儿园环境应该是怎样的?

　　2. 如何创设幼儿园科学探究区角? 请说出你的设计、规划并与同学分享。

　　3. 请你借助学校的教室或实训室的空间,设计一个幼儿园班级环境创设的方案。以小组为单位,对该教室活动区角、墙面、天花板、窗户、门口、走廊、楼梯等进行规划和创设。

［1］［法］艾黎·福尔. 世界艺术史（上、下）［M］. 张泽乾,张延风,译. 武汉:长江文艺出版社,1995.

［2］［美］萨拉·柯耐尔. 西方美术风格演变史［M］. 欧阳英,樊小明,译. 杭州:中国美术学院出版社,1992.

［3］［美］H. H. 阿纳森. 西方现代艺术史（绘画·雕塑·建筑）［M］. 邹德侬,等译. 天津:天津人民美术出版社,1986.

［4］王受之. 世界现代设计史［M］. 广州:新世纪出版社,1995.

［5］［日］富永惣一. 西洋美术图史（上下册）［M］. 吴晓农,王振华,等译. 北京:人民美术出版社,1988.

［6］［英］肯尼斯·克拉克. 裸体艺术——理想形式的研究［M］. 吴玫,宁延明,译. 北京:中国青年出版社,1988.

［7］朱伯雄. 世界美术史（第十卷）［M］. 济南:山东美术出版社,1991.

［8］中央美术学院美术史系外国美术史教研室. 外国美术简史［M］. 北京:高等教育出版社,1990.

［9］迟轲. 西方美术史话［M］. 北京:中国青年出版社,1983.

［10］［美］罗伯特·贝弗利·黑尔. 向大师学绘画:素描基础［M］. 朱岩,译. 北京:中国青年出版社,1998.

［11］［意］列奥纳多·达·芬奇. 达·芬奇论绘画［M］. 戴勉,编译. 桂林:广西师范大学出版社,2003.

［12］周楷. 绘画入门［M］. 南宁:广西美术出版社,1991.

［13］吴培秀. 装饰绘画［M］. 重庆:西南师范大学出版社,2006.

［14］唐星明. 装饰文化论纲［M］. 重庆:重庆大学出版社,2006.

［15］陆红阳,李明伟. 现代设计学校Ⅲ（装饰工艺卷）［M］. 南宁:广西美术出版社,2000.

［16］齐光雄,陈雪峰,李炎. 手工制作［M］. 广州:广东高等教育出版社,2012.

［17］彭小红. 手工制作教程［M］. 湘潭:湘潭大学出版社,2013.

[18]　邱秀君,吕袁媛.手工制作教程[M].北京:高等教育出版社,2012.

[19]　宫楚涵.泥塑[M].合肥:黄山书社,2013.

[20]　周路.团花世界[M].合肥:安徽美术出版社,2008.

[21]　李静娟,李友友.剪纸之旅[M].北京:中国旅游出版社,2007.

[22]　潘鲁生,苗红磊.剪纸[M].北京:中国社会出版社,2008.

[23]　王昀.实用衍纸一本通[M].青岛:青岛出版社,2012.

[24]　[英]玛丽恩·埃里奥特.首次玩纸雕:25款3D作品轻松做[M].马冬丽,译.郑州:河南
　　　科学技术出版社,2011.

[25]　钟海宏.幼儿园手工——纸雕[M].上海:华东师范大学出版社,2011.

[26]　祝琪.版画[M].北京:北京师范大学出版社,2011.

[27]　祝琪.少儿版画技法[M].北京:金盾出版社,2010.

[28]　蒋梦珏.版画教室[M].南宁:广西美术出版社,2003.

[29]　赵娟.幼儿园环境布置与玩教具制作[M].保定:河北大学出版社,2012.

[30]　李金娜,赵霞.学前儿童玩教具制作(第2版)[M].北京:科学出版社,2012.